典藏版

千古风流人物词传

当时只道是寻常

纳兰词传

谭慧/著

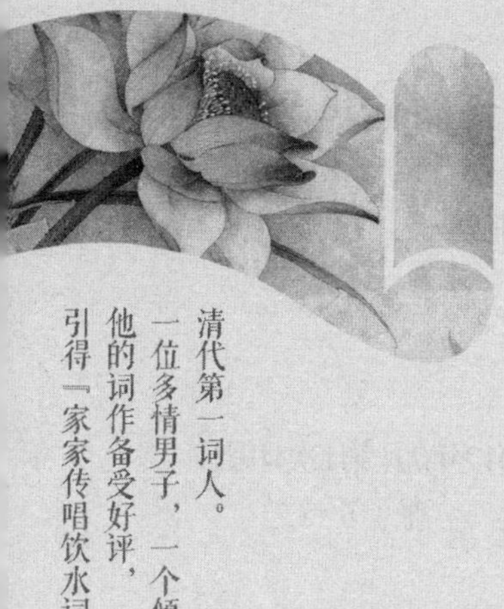

清代第一词人。
一位多情男子，一个倾倒无数人的传奇。
他的词作备受好评，
引得「家家传唱饮水词」。

華齡出版社

责任编辑：薛　治
责任印制：李未圻
封面设计：颜　森

图书在版编目（CIP）数据

当时只道是寻常：纳兰词传 / 谭慧著. --北京：华龄出版社，2017.1
ISBN 978-7-5169-0868-6

Ⅰ.①当… Ⅱ.①谭… Ⅲ.①纳兰性德（1654–1685）–传记 Ⅳ.①K825.6

中国版本图书馆CIP数据核字（2017）第007494号

书　　名：当时只道是寻常：纳兰词传
作　　者：谭慧　著
出版发行：华龄出版社
印　　刷：北京佳顺印务有限公司
版　　次：2017年7月第1版　　2017年7月第1次印刷
开　　本：850×1168　1/32　　印　　张：6
字　　数：120千字
定　　价：25.00元

地　　址：北京市朝阳区东大桥斜街4号　　邮编：100020
电　　话：84044445（发行部）　　传真：84049572
网　　址：http://www.hualingpress.com
（如出现印装质量问题，调换联系电话：010-82865588）

人间惆怅客

他，是相貌堂堂的翩翩公子，又是武功出众的御前一品侍卫，经史百家无所不精，书画骑射无所不能。

陌上人如玉，公子世无双。

他，便是纳兰性德。一个一旦深入人心便再难忘怀的名字，一位几乎拥有世间一切的多情才子，一段三百多年倾倒无数后人的传奇。

如此青年才俊，拥有别人求之不得的身份地位。然而，个中滋味只有他自己最清楚。达官显贵于他，是解不开的枷锁。他生于温柔富贵，却满篇哀感顽艳；身着锦帽貂裘，却有悲悯苍生的情怀；食遍玉盘珍馐，却散发蔬笋之气；身处花柳繁华，心却游于喧嚣之外。他名为武将，却厌倦羁旅行役；出征漠北，却被满天星空搅碎乡情；行走仕途，却一生为情所累；追求真挚永恒的情感，却屡遭命运打击；正当风华正茂之时，却匆匆离世。

如同翩然而至尘世接受磨难的修道者，不动声色，却尝遍人间悲苦。苦，是他的心灵之味；悲，是他的命途之果。当病魔最终夺去他的生命，皮囊化作尘土，消逝在时间的荒墓，他一生修来的，只有一身惆怅，远去的背影终于化作一袭白衣。这个在悲苦间沉浮的生命，随着他长留世间的词韵，透入人心，成为世人心头的绝唱。

他才华横溢，笔墨函砚，吹花嚼蕊，以风雅为性命。一本《饮水词》，一本《侧帽集》，以真心之字，诉衷情之心。他用辞章抒写自己的故事，渌水亭下，珊瑚阁中，他挥毫泼墨，痛饮高歌，为友人的生死忧心如焚，为亡妻的音容痛彻心扉。华贵的悲哀，优美的感伤，他的词作让无数人为之倾倒，一句句扣人心弦的词句惹了多少人泪雨飘零。然而，尘世间知音众多，谁愿附耳倾听他的寂寂心声；三百多年时光荏苒，谁又能真正读懂他的孤苦灵魂。

透过纳兰明净清婉、隽秀感人的小令长调，我们仿佛能看到那个拥有绝世才华、出众容貌、高洁品行的人站在那里，散发着一股浪漫凄苦、遗世独立的气息，华美至极，多情至极，孤独至极。这位名满京城的贵公子，始终在浮华的尘世中守望着一段纯净的人生，一方精神的自由。

纯任性灵，纤尘不染。

世间再难见到这样的人。

流年已经轮回几许。在幽深的暗夜里，在寂静的时光里，一阕词轻轻吟唱开来，那些情愫始终散发着一种能够穿透生命的力量，穿透时光的城墙，穿透喧杂，穿透心与心的距离，穿透内心那根纤细的神经，在凉薄岁月中，与我们低吟浅唱。

一言道不尽纳兰心思，一生品不完容若才情。公子已去，千古愁殇仍在。

一世荣辱尽归尘，纳兰心事几人知。

CONTENTS

目录

卷三◎倾心初遇，情深缘浅

卷四◎曾经沧海，只道寻常

卷五◎高山流水，既知不渝

卷六◎渌水唱和，行文会友

卷七◎千古兴亡，一念成空

第八章◎良辰美景，奈何虚设

卷九◎半生情缘，千秋绝唱

卷一　翩翩公子，落落狂生

少年风姿初入世

冬天出生的孩子，便叫作冬郎。

对女真人的后代，这样的名字听起来是那么理直气壮。比之现代讲求寓意风水星座血型的繁复起名，那个年代的父母在起名的问题上无疑是逍遥的。女真人，以及其他很多游牧民族的孩子出世后，父亲第一眼看到的东西就取作孩子的名字。比如，世人皆知的清太祖努尔哈赤意为野猪皮，他的弟弟舒尔哈齐的名字则意为三岁野猪皮。

可是纳兰起名作冬郎，意义远不止如此。他的父亲明珠时任銮仪卫云麾使，正四品的武职京官，在现代就是负责安保工作的厅级干部了。世人只道纳兰是冬天的小儿郎，可是明珠知生于长安的大诗人韩偓小名也唤作冬郎。如果说韩偓的声名还不足以贯耳，那么李商隐那句“桐花万里丹山路，雏凤清于老凤声”则应该增加我们对这位晚唐冬郎的印象。作为韩偓的姨夫，李商隐并没有自夸。“连宵待坐徘徊久”，你能想到这般老成的口吻出自一个十岁的小孩？如若不是触怒了权臣，韩偓想必也能凭借一手文章青云直上。

同天下许多父母一样，自学成才的明珠极尽所能地给了小冬郎最好的教育。当年没有幸福的九年义务教育，但纳兰也没有错过教育的黄金时段。《百家姓》《千字文》《程氏家塾读书分年日程》，由浅入深地走进了他的童年。从此，纳兰有了自己的名字——成德。

成德，看字面意思就知乃父期望。明珠应该是称职的父亲和启蒙老师，他对汉文化的热爱从骨子里遗传给了纳兰。当纳兰稍稍懂事后，有了自己的西席——丁腹松。丁老先生博学能文，又不善变通，老大不小的年纪仍只是个举人，诸般都符合私塾老师的条件。博学能文，可以授业解惑；不善变通，可以不顾纳兰贵公子的身份而严格要求他。

丁腹松对纳兰的影响远不仅仅在学业上。试想，一个屡试不第的汉人才子该如何发泄一腔愤青思想呢？赋诗讽刺他不敢。康熙五年（1666）的黄培诗案十四人问斩，三百人入狱，茶还没来得及冷的事这么快就没了记性？纵观古代史，类似的情况屡见不鲜，而士子们选择的道路却相似得惊人。当李太白遇上了高力士，苏东坡赶上了李定，求佛问道几乎成了他们下意识的反应。李太白折佛坛圣物青莲一朵，笑称青莲居士；苏子瞻斜倚黄州山野之外，自号东坡居士。

丁腹松也难例外。

多年求仕途未果，前半生看尽人世间青目白眼。唯愿后半生得浓夜明月一揽，花田菜地半亩，管它云雾与风雨，守得几卷闲书终老而已。这样的想法或许丁先生从未在纳兰面前透出过一星半点——他不必言语，只看着纳兰温习完儒家典籍后又钻研道经佛理，任他杂学旁收也不加阻拦。明明灭灭又明明，丁先生心中那盏孤寂的佛灯隐于尘世，留星星点点余烬闪在少年纳兰的心间。

何以见得？字号可见端倪。

成年后的纳兰自取表字容若，号楞伽山人。行冠礼，唤表字，在古代是成年的开始。于古人而言，表字的意义甚至比父母赐予的名还要深远。纳兰取字容若，寓意他于正义外容认旁义，于正统的儒家思想外还有其他智慧的信仰。

如果说名与字更多地受到宗室礼法的限制，那么一个人的号则更像是个人理想的标签。比如欧阳修，初谪滁山时便存了退隐的心思。安于一书、一石、一琴、一棋与一酒间，外加既老而衰且病老翁一名，自号六一居士，流连于醉翁亭不知今夕何夕。多年后，纳兰自号楞伽山人。一句楞伽山人，贵公子的印象弥散，移步换景般地将朝堂上握刀的纳兰定格到楞伽山，听佛在此讲经，感悟物我两界的交融，而后超然于红尘俗世。

然而超凡脱俗的多半是人的灵魂，肉身在世谁能不食人间烟火？

凡间的纳兰还有明珠的期望和少年的意气在心上，尽管他对八股文也没有特殊的好感，却不免在科举仕途的路上继续奋斗下去。

“补诸生，贡太学”，纳兰的十七岁，三百六十五个日夜，风雨声，读书声，就这样被轻轻巧巧的六个字一带而过，带到人生的另一页。

这一年，纳兰通过了繁复而严苛的考试进入了顺天府学，与汉生学员同堂学习。短短几个月时间，纳兰又告别了顺天府学，被推荐到封建帝国的最高学府国子监静心研习。

在旗人尚武的年代，纳兰得到这潜心从文的机会是无比幸运的。从顺治八年（1651）到康熙十五年（1676），清廷对旗人子弟科举的态度反反复复，时而鼓励旗下英才学文，时而又强调不可因文废武。康熙十年（1671），清廷议准满、蒙、汉军旗均可以从旧生员内推荐两名到国子监。机缘巧合，纳兰享受到了新制的优惠，才得以顺利进入国子监。

如果评选校史最悠久的学府，始于隋朝的国子监当获第一。如果再加上国子监的前身——太学，整个中国封建王朝的教育史便一收无余。“科甲之道，方为正途”，独尊孔孟的观念自汉武帝时便深入人心。江山易主，王权交替，国子监历尽风雨飘摇，却如一尊守护神般岿然不动，坚定地守着儒生们齐家治国平天下的理想。

千年名校的美誉自然不是靠吹嘘得到的。国子监的学生要面对的作业和考试丝毫不少于现代，几乎每三四日便会有一次巧立名目的考试。囊萤映雪、凿壁借光在这里不算神话，不过是众学生每日生活的常态。在这里，纳兰结识了张见阳、日后的状元韩菼、徐倬等同窗好友，还有当时的国子监祭酒徐元文。

徐元文出任国子监祭酒（相当于校长）后不仅对人才选拔要求更为苛刻，还大刀阔斧地整饬条规，史上称其“崇雅黜浮，足为海内矜式”。然而，即便是如此严格的徐元文也对纳兰赞不绝口，“司马公贤子，非常人也”。彼时，明珠已出任兵部尚书，也即徐元文口中的司马。

十八岁，纳兰走进了乡试的考场。精骑射，善文艺，出身贵胄，世人皆谓举人头衔于他不过囊中之物，却无人得见纳兰悬梁刺股时紧锁的眉头。

“贡明经，举孝廉，成进士”，纳兰的政治生命由此开端。

幸遇名师勿欺心

“同举之士百二十有六人”，这是纳兰参加顺天府乡试的真实记录。

百分之五的录取率无疑是残酷的。只是纳兰的轻松中举让我们多少忽略了不第的失意和范进式的疯狂。

依着当时的习俗，新科举子们要参加鹿鸣宴以拜考官、会同年。“呦呦鹿鸣，食野之苹。我有嘉宾，鼓瑟吹笙”，着绿袍，踏青靴，自唐代流传下来的鹿鸣宴是多少白头童生梦寐以求的聚会。可是对于十八岁的纳兰而言，鹿鸣宴的紧要之处在于可以亲自拜会乡试的副主考——徐乾学。

不过，年轻的纳兰已不愿等到鹿鸣宴了。顺天府放榜的第三天，他便迫不及待地奔赴徐乾学的府邸，登门拜谢师恩。尽管徐乾学没有教过纳兰一书一字，但是作为顺天府乡试的副主考，他确是对纳兰有知遇之恩的“受知师”。因此，这样的造访也并不唐突。

去往徐乾学府邸的路上，纳兰的心像漂浮在海上的一叶扁舟，起伏不定。他依着别人的描述揣测着徐乾学的容貌与脾气，在心里几遍推敲不知练习了多少遍的开场白，却依旧理不出头绪。

让纳兰紧张如此的徐乾学究竟何许人也?

“二十余年朝宁上，九洲谁不仰龙门?”当时的京师，书卷气最浓的就属这徐乾学的府邸了。徐乾学与他的两位幼弟并称“昆山三徐”，名满天下的江南才子。他以一人之力领众人于书局，我们所熟识的查慎行、徐善、姜宸英等文士都是他的座上宾，或者甘愿充其麾下卒，可见其学问卓著。

除了文章斐然，徐乾学还是慧眼识人的伯乐。如若不是徐乾学将那份已经不予录取的落卷重新评定，与纳兰同年的韩菼不知要躲在哪个无名处独饮愁闷，何来日后风光一时的状元郎呢。

文人间的交会向来充满了戏剧性，一见如故的可把酒言欢，志同道合的则引为知己，从此传一段高山流水话知音的美谈。否则话不投机半句多，比如王安石与司马光，纵是少年挚友也终成陌路。这位素未谋面的大儒门生三千，会不会接受一个不起眼的新科举子呢?

走进徐府的时候，纳兰才发觉手心里沁出了细细的凉汗。

其实纳兰与徐乾学并不遥远，对纳兰欣赏不已的国子监祭酒徐元文恰是徐乾学的三弟。因此纳兰的聪颖勤奋徐乾学早已有所耳闻，当然也知道他是尚书明珠最得意的儿子。

简单几句寒暄后，徐先生便谈及“经史原委及文体正变”，似有意要考考眼前这个眼前举止闲雅的翩翩少年。这个问题带有太浓烈的主观色彩，有关文体变化的研究在当时百家争鸣，并没有统一的定论。

自古英雄出少年，多少有些初生牛犊不怕虎的意味。在徐先生这样的饱学之士面前，纳兰侃侃而谈。他以多年来博闻强识的积累，将往日所思所悟条分缕析，将经史发展的本末和文章变革的历史娓娓道来，言谈间流露出一派从容气度。一席话终了，连徐乾学也不得不赞叹，“老朽宿儒，有所不及”。

有师如此，夫复何求？恐怕连纳兰自己也没有想到，与徐先生的这一面之交竟定下了他们今后十四年的师生之缘。

纳兰的这位恩师在历史上向来争议颇多。他初与明相联手将索额图排挤出内阁，一时间成了明珠府上炙手可热的人物。而在纳兰去世后仅三年，徐先生一转身又与郭琇以“背公营私”罪名弹劾明珠。结党营私与排除异己的戏码再度倾情上演。这一热一冷的落差，一捧一杀的比对，于无声中极尽讽刺。即使到现在我们也很难想象，如果纳兰在世，他将如何剥离开君臣、父子、师生间这驳杂的关系，对徐先生的进退自如做何回应。

好在，纳兰只活在当下。

当下，纳兰盛赞徐先生，将他比之为历史上令人景仰的名士，“文学不逊于昌黎，学术、道德必本于洛闽”。昌黎便是唐宋八大家之一的韩愈，而洛闽则是指程朱理学的代表人物程颢、程颐及朱熹三位先贤。

如果将文章与道德分开来讲，徐先生的确称得上是贤师。他引领纳兰走进他的精神圣地，将徐氏一门几代收集的经典与这个挚爱汉文化的少年共享，“承示宋元诸家经解，俱时师所未见”。徐乾学展示给纳兰的不仅仅是充栋的书籍，更是汉文化源远流长的历史和博大精深的内涵，是千年来先贤们思想的精妙所在。

如果说纳兰是一弯游鱼，那么徐先生将指给他一条通往浩瀚海洋的通途。

初次会面，徐先生便给纳兰上了第一课，“为臣贵有勿欺之忠”。

彼时纳兰还未真正得到一官半职，一时间难以理解徐先生的用意。退而读史，看良臣将相生平事，其中有两件事让纳兰顿悟先生的良苦用心。

史书上记载，北宋寇准年十九进士及第。殿试前有人告诫寇准，太宗不喜少年，以为年少轻狂，劝他虚报几岁，寇准对此一笑置之。他说：“吾初新进，何敢欺君！”五十年后，还是童生的晏殊因神童之名参加殿试时，发现考试题目正是自己平日练习过的，于是老老实实地向皇帝禀报，“臣曾有作，乞别命题。虽易构文，不敢欺君”。那年，晏殊只有十四岁。

读到这里，纳兰深受震撼。以前他只知道北宋名相寇准和晏殊俱是年少及第，极受皇帝信任和倚重，位极人臣。仔细思量，他们仕途的顺利，除却自身的才华横溢，多少也源于这一份“不敢欺君”的坦荡和忠义。

原来，“勿欺随时可以自尽”，无关乎年龄、职位和学识。君臣有义，父子有亲，朋友有信，是那个时代的最高准则。然而现实与理想终是天壤之别，比如纳兰所处的时代。当时的清王朝西南有三藩各自为政，食清王朝的俸禄而想着反清之事；北有罗刹国假意投诚，却眈眈虎视肥美之地，伺机卷土重来；还有三年前被生擒的鳌拜，身受顺治帝托孤之命却善始难终，以赫赫军功换得了终生监禁的下场。

尚不安定的天下太需要寇准晏殊那样的“勿欺之臣”了。

纳兰深夜掩卷而思，“勿欺”二字在纳兰心中种下了因果，侍君、亲父、待友，纳兰都保持着一颗明澈之心。

纳兰此生只欺过一人。骗他，他的职责是保护天子，是家族和他本人的荣耀；骗他，他的爱人依旧在人间，只是暂时不知所踪；骗他，他心向往之的桃花源不过残酒后的冷梦一场，建功立业方是好男儿的人生正道。

这一欺，便是今生今世。

这一人，便是纳兰自己。

不用凄凉录别诗

纳兰生命中第一次郑重的别离，便是送别蔡启僔、徐乾学二位先生。

康熙九年（1670），蔡启僔和徐乾学主持顺天府乡试时，因为副卷遗漏了汉军旗的考生，被降级调用。对徐乾学的离去，纳兰多半是惋惜的。彼时，纳兰已在徐乾学的指导下访史解经，继承了徐先生精神世界的优势血脉。而徐先生的突然离去，无疑是中断了这条宝贵知识的补给线。

送徐先生离去时，是个北雁南飞的日子。文人雅士的送别更像是一场别开生面的诗会，寄情于杯盏间，却是醉翁之意不在酒。他们斜倚着杯光盏影，或邀明月一握，或凭天外轻歌一缕，把酒言笑间那些潮湿的诗句便呼之欲出。

江枫千里送浮飔，玉佩朝天此暂辞。黄菊承杯频自覆，青林系马试教骑。

朝端事业留他日，天下文章重往时。闻道至尊还侧席，柏梁高宴待题诗。

惆怅离筵拂面飔，几人鸾禁有宏辞。鱼因尺素殷勤剖，马为障泥郑重骑。

定省暂应纾远望，行藏端不负清时。春风好待鸣驺入，不用凄凉录别诗。

——秋日送徐健庵座主归江南

有异于以往的送别诗，纳兰赠给徐先生的这四首七言诗毫无颓靡之色，反而处处战鼓雷动。他的诗里有秋色却无秋心，有送别之意却无永别之忧。

别离不过是另一场相逢的前奏，纳兰说，“不用凄凉录别诗”。

纳兰劝徐先生莫畏穿林打叶声，莫愁前路无知己——凭着“昆山三徐”的名号，凭着桃李天下的善缘，“寂寥”二字与徐先生分明是不相关的。

或许，这就是少年意气。

少年心中的离别是短暂的——纵使漫长，也还有一生的时间可以去等待，用一辈子的变化执着地等一个命中注定的结果。少年的纳兰啊，你暂且未唱那一别两地秋的歌，未赋那强说愁的词，只因你还没有舔尝人生的爱恨情愁。

除却徐乾学，调任外省的还有蔡启僔。

同为座主，纳兰与蔡夫子留下的故事却寥寥无几，只有顺天府乡试一线将二人相牵连。或许他们也有觥筹交错的唱和，只是那些本就微弱的声在百年来的战火硝烟中都沙哑了嗓子，再也发不出绵长醇厚的音，更让人无从寻起。所幸，还有纳兰留下的短短百余字，似晕开的一抹靓蓝，出挑于那死板的正史之外。

问人生、头白京国，算来何事消得。不如罨画清溪上，蓑笠扁舟一只。人不识。且笑煮、鲈鱼趁著莼丝碧。无端酸鼻。向岐路消魂，征轮驿骑，断雁西风急。

英雄辈，事业东西南北。临风因甚成泣？酬知有愿频挥手，零雨凄其此日。休太息。须信道、诸公衮衮皆虚掷。年来踪迹。有多少雄心，几番恶梦，泪点霜华织。

——摸鱼儿·送座主德清蔡先生

蔡夫子与徐先生是同年进士，不过蔡夫子四十多岁才拔得头筹。不同于往年的状元郎，少了做翰林院教习的过度，蔡夫子直接被任命为日讲官，常伴帝王左右。恢宏的太和殿前，他享尽了众人或嫉妒或羡慕又略略带些提防的眼光。只是，谁能预言命运的恣意与无常？

三年后，蔡夫子被贬官，带着五车书，两鬓霜，离开了阴晴难定的京城。此时的蔡夫子尽管入宦不过三年，却看尽今古事不过“浮沉随缘”四字。

纳兰写给蔡夫子的词迥然于送给徐先生的诗。与高昂的音调形成鲜明对比的，是一份自在轻飞的释然。

或许徐蔡二人本就是不同的。熄了争名逐利之心，荒野舟，绿蓑衣，寒江雪，对一心向南的蔡夫子，足矣。

不知是历史的巧合，还是纳兰的有意，他用了摸鱼儿的词牌。当年辛弃疾迁任湖南转运副使也曾以作《摸鱼儿》一首，在暮春时节徒劳地发着牢骚，“天涯芳草无归路”。然而，归去的蔡夫子连这样的牢骚都没有。

所谓哀莫大于心死，大抵如此。

蔡夫子历经风霜的额上没有写着沮丧和不愤之色，他的胸中亦没有藏匿抱怨和叹息。纳兰凝望着这位老人，一不小心触到了留在蔡先生心底的温情。

蔡启僔的故乡，在风景如画的江南。纳兰用南朝张季鹰的典故劝慰老师。据说张季鹰见秋风渐起北雁南归，思恋起家乡莼菜羹碧绿爽滑，鲈鱼鲜嫩美味，便说道：“人生贵得适意尔，何能羁宦数千里以要名爵？”官印一挂，潇洒还家。老师的故乡，有清溪、扁舟，鲈鱼、莼丝。当世界无法满足我们的期望，为什么不寄情于山水，做心灵的逸者？远比在愁苦又抑郁的困境中摸爬滚打要好得多。

面对蔡启僔，纳兰是矛盾的。身处是非地，纳兰已习惯了人情冷暖交替的节令，以及忽高忽低的人生海拔。旧人哭，新人笑，这两种声音从来不绝耳，它们就像是一支歌的主旋律和副歌部，缠缠绵绵交织在空气中。此时的蔡夫子若还有怨，纳兰还可以诗文慰之——就像赠与徐先生那样，“柏梁高宴待题诗”。

可悲的是，空惹一身尘埃后，英雄虽无悔，亦无泪。

世上事，几多期望，几多怅惘。得时便得，舍时便舍，人生洒脱，况味非常。江南的一枝杏花，未必比不上朝堂上一块笏板；天子的几句赞美，未必比得上乡野牧童的一段短箫。

“事业东西南北”，眼前的蔡启僔只有向南的一条路，南望，南归，见南山。无论蔡夫子曾有多少齐家治国平天下的理想，行至这里也都幻化成虚，凝成一束微弱的光，斑驳地投影到纳兰的心上。

悄悄是别离的笙箫。古道边的纳兰无声地注视着那个渐行渐远的影子，也把蔡夫子的印象从此定格，定格为一个两袖清风的背影。断雁西风中，蔡夫子手中那支终日游走于公文案牍的笔终行止于此。下一刻起，它将伴着那颗流浪的心一起漂泊于山水之间，抑或短暂地逗留于泉水浣衣衫的竹林篱下。

假设，假设纳兰与蔡夫子朝夕相对，他们应该也会惺惺相惜地呼喝着山风豪饮千杯，走过幽深的青苔路，一起看绝望的落日，以及荒郊的残月。在聚散别离的空隙中，他们觅片刻交点，忘路之远近，不受世态炎凉，相视对饮菊花，唯愿此刻静好。

在送别的路口，纳兰一松手，半生就此别过。

到这里，他们的一场际会落幕，画上了泪滴般的一粒句号。

卷二　御殿伴君，英雄梦醒

万春园里误春期

十九岁，纳兰还在科举的路上跋涉着。

事实上，“跋涉”这个词用在纳兰身上是不确切的。读书，科举，入仕途，甚至封将拜相，这一系列里程碑式的事件自他落地就燕翅排开，立在人生的驿馆边，等待他一一抵达。

一路顺风地走到了科举的最后一站，上天与纳兰开了一个不那么好笑的玩笑。

就在殿试前几日，一直与纳兰纠缠不清的寒疾不期而至。纳兰也因此失去了殿试的机会，只能再苦等三年。三年，三十六次月圆，一千多个日夜。不长不短的时间，一点不明不暗的希望，拖着一副亚健康的身躯，纳兰的心也被吊在这倒春寒的清冷空气中不知进退。

带着三年一度的金榜，康熙十二年（1673）的春天如约而来。韩菼，徐倬，王鸿绪，这些常挂在纳兰嘴边的名字此刻在金榜上熠熠生辉。

海子岸一定人头攒动吧，纳兰心里默默地想。几个月前，纳兰迎着扑面而来的料峭春寒，一人立于还未消融的海子岸边，一寸一寸地向往着进士及第后与同年相会万春园的情景。在那有所期待的世界里，连凛冽的春风也沁有微甜的酒香。

数月后的阳春，烟柳满皇都。本该尽享红袍玉带的纳兰却一席素衣，病倚春城斜角，空望窗外赭白青黄的回廊映廊下碧溪流水，微叹时运不济。

晓榻茶烟揽鬓丝，万春园里误春期。谁知江上题名日，虚拟兰成射策时。

紫陌无游非隔面，玉阶有梦镇愁眉。漳滨强对新红杏，一夜东风感旧知。

——幸举礼闱以病未与廷试

他这一声叹息，惊得蝶起花落，一春憔悴。

怎能不憔悴呢?

区区五十六字间，纳兰的思绪已风尘仆仆地飞越七百年。从东汉的建安时代，辗转到南北朝并立的纷纭乱世，继而直指晚唐藩镇割据的硝烟战火。贯穿思绪的半部战乱史，倾注于笔下不过弹指一挥间。年少的纳兰已学会翻折历史的页脚，为当下的芸芸众生作注——一如他自己，纵然才华横溢，纵然出身高门，却和最平凡的人一样躲不过命运的捉弄。

在这里，纳兰又一次提到了兰成。兰成即南北朝时的诗人庾信。兰成与纳兰成德相似几多，而成德又是纳兰的曾用名。同样出身贵族，同样聪敏好学，同样怀有经世济国的一腔热血，纳兰与庾信虽时隔一千多年，却于冥冥中有着丝丝缕缕剪不断的因果。花甲高龄的庾信生于乱世而淹留于他乡，一生漂泊难以得志。纳兰以庾信自比，似也在暗自感叹机会的擦肩而过。黄昏灯影下，那些白日里辛苦隐藏的情绪再也按捺不住。

黄昏又听城头角，病起心情恶。药炉初沸短檠青，无那残香半缕恼多情。

多情自古原多病，清镜怜清影。一声弹指泪如丝，央及东风休遣玉人知。

——虞美人

此时的纳兰一个人躲在深静小堂，与药炉短灯为伴。一抹微漾的羡慕，洒上一星半点的懊悔，裹一分沮丧，一分决意，这缠绕成一团的气息缓缓弥散在空气中，也腾起一丝涩意在心头。

多情多病，不知多少人曾做此无谓的感慨，却鲜有人通晓其中真谛。乐事悲事，走过后，往往一笑成空。

挂着标准的微笑，纳兰应付着亲朋故旧的问候与关心，那种淡然的言语重复得多了竟连自己也快要相信了。只是灯影下，当他直白地剖视自己，发现这颗砰砰乱跳的心竟然还是会痛。谁说痛苦不是好的？至少可以确认灵魂没有在追求功名的路上遗失，至少可以愈加清晰地突显出往昔的辉煌与美好。

此刻，纳兰只需要一个静谧的地方，从心的墙角挖一处伤春的冢，来收容他孤寂的泪滴，以及那些无端的悲凉的情绪。

纳兰这些小心翼翼的牢骚是可以理解的。他因病未录，可以说是出乎所有人的意料。正当些许沮丧困于心头时，纳兰意外地收到了一篮樱桃。樱桃自唐代起便是新科进士庆功宴上的主角，时人谓之“樱桃宴”。

纳兰收到这份早来的礼物，略有不平的心该有所安慰吧，他似乎该庆幸还有那么多人相信他的才华，等待他的厚积薄发。只是这么多年来我们一直在猜测，送樱桃的究竟是什么人呢？纳兰从未对此有任何提及，更引来后人无数的遐想。

但有些时候，愈是想隐藏起来的情绪，愈是被映照得清晰。

绿叶成阴春尽也，守宫偏护星星。留将颜色慰多情，分明千点泪，贮作玉壶冰。

独卧文园方病渴，强拈红豆酬卿。感卿珍重报流莺，惜花须自爱，休只为花疼。

——临江仙·谢饷樱桃

红樱桃，绿芭蕉，流光轻易将人抛。

一捧樱桃在握，逝去的似水年华又在纳兰心中悄悄浮起。与送樱桃的那个她一别已是多年。不知道现在的她已嫁作人妇还是初为人母？当年杜牧与那位湖州女子相约十年之期，那时的杜牧还是宣州小吏。十四年后，待他终于如愿出任湖州刺史，但见“绿叶成阴子满枝”，那位令他魂牵梦萦的女子已成婚三年。

人生中很多风花雪月的事，总是续一个冰凉的结局。

纳兰与她大约也如此。

不能责备他们不够坚定，不够执着。红尘间的男男女女不过是一颗颗算盘珠，被不如意的命运肆意拨弄着，甚至来不及在多舛的命途中略略喘息一口，便匆匆地投入到柴米油盐的繁杂中。被迫拉开的物理距离将他们多年来的记忆层层过滤，再由时光打磨至晶莹剔透，方可回味终生。

只是，纳兰这一番衷肠诉与谁人听？

且将手中红粒权作红豆，此刻暂解相思。

他与她空间上的海角天涯，精神世界的相依相偎，如冰与火的交替，淬炼出柔肠百转的思念。春光下满篮红粒流光溢彩，似一波温润的目光无言地摩挲着那颗已冷却下来的心。此刻，纳兰再也道不出任何违心的祝福了。

若不能相濡以沫，不得长相厮守，便不如索性相忘于江湖。

珍重吧，纳兰在心里对她说。

原来，肠断泪绝，也不过如此。

世无伯乐空长嘶

绿了江南岸的春风，度了巍巍的秦岭，闹醒了沉睡的皇城。

两年前的那个春天，纳兰因不期而至的寒疾错失殿试。纳兰犹记得，那年温柔的三月风拂过了新科进士的朱袍下摆，抹红了万春园里樱桃的脸，却迟迟不肯到纳兰幽深的小筑赴那一场短暂的邀约。

两年过去，那些灰暗的寂寞终被枝头红杏驱走。此时，少年的纳兰脸上除了酽酽的书卷气外，几度春秋悄悄为他描了锋利的剑眉，英挺的鼻翼，平添三分英武之色。

这一年，纳兰刚刚二十出头。读书作文之外的世界显然要奇妙有趣得多，春踏青，秋狩猎，交游沽酒的好时光总是令人流连忘返。

束紧衣，骑骏马，深秋肃杀之际，约三五好友于郊外射箭，原是满洲少年再平凡不过的生活。与其说他们在秋日练习武艺，不若说他们在用短暂的奔腾祭奠先祖们马背得天下的那一段腥风血雨。

平原草枯矣，重阳后，黄叶树骚骚。记玉勒青丝，落花时节，曾逢拾翠，忽忆吹箫。今来是、烧痕残碧尽，霜影乱红凋。秋水映空，寒烟如织，皂雕飞处，天惨云高。

人生须行乐，君知否，容易两鬓萧萧。自与东君作别，刬地无聊。算功名何许，此身博得，短衣射虎，沽酒西郊。便向夕阳影里，倚马挥毫。

——风流子·秋郊即事

南方蓼红苇白时，正是北地碧云黄叶季。在这一片郊外密林，春与秋如一对双生子，扮了截然不同的样貌。现在的郊外，不复仲春时节的繁华模样。没有乱花与眼睛缱绻软语，也没有浅草与马蹄此起彼伏的游戏，纳兰眸中的秋是安静的，纵然不是深沉的百尺深潭，也不再是喧闹的叮咚溪流。

如果选一种颜色来描绘这个秋天，金色无疑是被默许的答案。那么，如果用一种声音来形容呢，嗒嗒的马蹄声，催人的号角声，还是苍鹰低空掠过的呼啸声？都不够传神。还有，那芦荻凋落的瑟瑟声太过落寞，雨滴空阶的滴答声太过孤寂，那簌簌的落雪声又太过冰凉。

不若无声。

无声中，纳兰听到了秋的声音。

秋水淌过的淙淙声，秋雾沁入毛孔的嘶嘶声，以及秋叶由青转赤之际光影微动的声音。就在这样的无声中，纳兰由小小的冬郎成长为一个怀有报国之志的青年。

理想的起点，往往是痛苦的开始。纳兰为了他的鸿鹄志，比别家的公子多付出了许多的不眠之夜。挑灯夜战，秉烛夜读，是他一成不变的夜生活。三年，一千多个深夜里，纳兰熟读了《资治通鉴》和古人的言辞，即使渊博如恩师徐健庵也不得不赞叹纳兰已学而大成。日日滴水的积累，有着穿石的惊人力量。《通志堂经解》《渌水亭杂识》《侧帽集》《饮水词》，他短短的一生不过三十多年，却留下了数以万计之言。

此时，西南有三藩与清廷鏖战，东南有郑经与清廷对峙两岸，入主中原不到半个世纪的清王朝腹背受击。

若纳兰只是手无缚鸡之力的白面书生，大可不谈这些舞刀弄棒的血腥事。如果他只是随命运浮沉的耄耋老人，也可以于江南水乡择一温柔地颐养天年。可惜，这些都不是纳兰的归宿。七尺男儿，生于未平之世，保家卫国方是人生正途。正像汉时飞将军李广，驰骋沙场五十年，纵使兵败一隅，却历来是后人景仰的报国英雄。

战场与美酒，向来是英雄屹立的两个支点。千军低吼，万马嘶鸣，这般恢宏的气势才称得上醉卧沙场的冲天豪气。他人眼中炼狱般的战场，于纳兰眼中却像是浴血重生的希望之地。

只是这一份希望来得太过血腥。他的父亲怎能让这般灵秀的爱子远途跋涉走向绝地？作为慈父，明珠无法眼睁睁地将自己的儿子送上战场。可是，京城的温柔乡似乎也并不那么温柔。

一心向往建功立业而踏上仕途路的纳兰，金榜题名于他是意料之中的。可是出人意料的，他竟成为帝王身边的一名握刀人。纳兰原本一心向往着从进士及第到翰林院庶吉士，在书声墨香里为这个帝国的统一和安定奋笔疾书。可皇帝的金口玉言一出，他的人生规划霎时成了水月镜花。

皇帝侍卫因其贴近皇权，往往被人解读为受宠的信号。世人都惊叹纳兰一脉享受到无上尊荣，连一向精明的权相明珠也陶醉在帝王的信任中沾沾自喜。身为皇帝近臣，纳兰时时体味着皇权的力量与无常。人的命运被无力地掌握于喜怒无常的帝王心间，这其中的酸楚谁能解？而纳兰更是目睹了同学徐元梦一日之内寒暑历遍的艰辛。

一日，为皇子们传道授业的徐元梦以不善拉弓为由被皇帝斥责，略一辩驳便立即被抄了家，还连累了父母即刻充军。就在徐万念俱灰时，康熙回转神思又念起了徐元梦的种种好处，使人以好语安抚徐，将他已仓皇上路的父母又追了回来。就是这般随性的反复，徐元梦也不得不感恩戴德。

这就是近臣，听命于皇权，依附于皇权，或许最终为皇权而献身。只是那忽冷忽热的礼遇，如宠物一般被玩弄于股掌之间，又岂是英雄所能忍耐？

用非其志，或许是纳兰一生叹息的根源。

一只向往长空的雄鹰总是被束着翅膀，那种眼巴巴的神色易令人陷入悲凉而无力的困窘中。又或者，纳兰当初便不该选择做一只苍鹰，不该在禁锢中还向往天空的视野和飞翔的高度。

只是，现在的纳兰还不知道未来的路将通向何方。

他这一生中能和着英雄气的节拍长啸而歌的词实在聊聊。往后，他将被桎梏于金碧辉煌的紫禁城里，纵有英雄的情结，却没有了英雄的情怀。再往后，那些穿行于他生命的人们将那场英雄梦浇醒。自此，那些英雄情结便似艾叶一般，一点点融化在他微温的愁思中，终酿成一坛苦酒。

东风回首尽成非

桦屋鱼衣柳作城，蛟龙鳞动浪花腥，飞扬应逐海东青。

犹记当年军垒迹，不知何处梵钟声，莫将兴废话分明。

——浣溪沙·小兀喇

这首作于东巡路上的《浣溪沙》描绘的就是这般富于地方特色的生活场景。

康熙二十一年（1682），纳兰扈从康熙第二次东巡，小兀剌是此次东巡的最末几站。临于松花江边的小兀喇在世人眼中是一座庞大的造船厂，自顺治年代为了抵御俄国入侵而设。而今康熙帝借东巡之名再次来到这座为军备建设而生的城池，其用意不言而喻。

纳兰不是帝王。入于他眼中的小兀剌不仅仅是一个边陲重镇，还是老家。

纳兰，当我们默默地念诵着这个高贵的姓氏，噙在齿间的声音翻转出来时都化作了若有若无的兰香。然而，正如珍珠是蚌心里的沙粒，珊瑚是海虫堆积的尸体，看似美好的东西背后总有着伤人的故事。美丽的纳兰是爱新觉罗家的赐姓，其实他们本姓叶赫，就是我们所熟知的叶赫那拉氏。

当年纳兰的祖先叶赫部与努尔哈赤的建州女真部曾在广袤的雪原林海中激战。而小兀喇，正是叶赫部的属地。当时，小兀喇还保留着叶赫部当年以鱼为食、鱼皮作衣的传统。

饱读诗书的纳兰心中翻涌起了哀愁，纳兰氏与爱新觉罗氏之间的恩怨一时间涌上心头。成者王侯败者寇，作为叶赫部的后人，纳兰无力阻拦历史进化的脚步。然而那些曲折的过程、激烈的抗争将永载史册，即使数百年过去，也依旧拥有惊天地、泣鬼神的力量。

纳兰在心里默默思虑，细算来，他还是叶赫部首领金台石的曾孙。当年，曾祖金台石与努尔哈赤在开原以北鏖战，因孤军无援终败于努尔哈赤麾下，城破之时毅然自绝于火场。将门之后的纳兰明白，兵家胜败之事多为形势所迫，往往不是人力可以决定的。以玉石俱焚的刚烈与努尔哈赤决一死战，以城亡我亡的气魄最终成仁，曾祖的壮烈深深震撼了纳兰。

在肉体与精神的生存问题之间，曾祖金台石毫不迟疑地选择了精神上的永生。如果换作自己去选择呢？他承袭了这个姓氏的血液，应当也会忠于这血液中流淌的骄傲。既然再无翱翔的天空，与其枯坐井底，在困窘中一点点消磨掉胸中的豪迈，莫若舍身于纷飞战火中，用被毁灭的肉体滋润这片已千疮百孔的土地，用难以被战胜的灵魂再见证它的下一次繁华。

从这个角度讲，曾祖金台石当属英雄，正如故乡天空下这威猛的海东青——生存的意义在于自由，若不能展开双翅翱翔于苍天，便不如用激烈的撞击提前结束长期被囚牢笼的折磨。断翼后的海东青，它留给天空最美好的记忆便是生命中的最后一次俯冲，那血淋淋的躯体正是在与大地做温暖的诀别。

曾祖以一己之命换来了纳兰一脉的立锥之地。金台石的妻儿兄弟最终降城，一路战战兢兢走来，活着便有希望。

六十多年后，纳兰又站在了这片土地上，当年焦裂的废墟与成河的鲜血已灰飞烟灭。可是作为叶赫部的后人，他理解当年曾祖的决绝。这世界上最可悲的不是英雄之死，而是英雄的没落和与变质。谁能想象战场上英勇的金台石一转身换了嘴脸，变成了摇尾乞怜的小狗，向杀父弑兄的仇人示好呢？

纳兰跳下马，用目光向小兀喇的每一寸土地致意，想要举步间却觉得无所适从。

疯长的青苔掩盖了土地原本的模样，仿佛迫不及待地要掩盖杀戮后的痕迹，却终究是欲盖弥彰。脚下的土地，哪一步曾踏上先祖的足迹，哪一步浸润了先祖的血汗，又是哪一步会成为战火停歇的边缘？六十年，四代人，当初经历这场战争的生命此刻都已回归于土地。而沉睡的土地本身承载了太多的疑问，它甚至连一个暗示都不曾给，就这样继续沉寂了下去。

纳兰此刻是混沌的，他在忠君与爱父的迷雾中迷失了方向。在这场姓氏和家族的争斗中，纳兰无论如何不能置身事外。爱新觉罗氏是他的君，叶赫那拉氏是他的父，当君与父站在对立面时，站在何处才是一个正确的抉择？

这真是一道两难的命题！难怪纳兰不得不以沉默来应对。

不远处的一段旧墙，顶部长了杂草，在十月的秋风中瑟瑟地抖动着，仔细看去墙顶似还有被焚烧的痕迹。它是那场战争的遗迹吗？此时的纳兰已无力再探寻那些复杂的存亡事。江山易主的规律自商周朝开始，轰轰烈烈近两千年，哪一个朝代能万古长青？秦汉，唐宋，无比庞大的帝国尚且在劫难逃，一个小小的叶赫部又怎能逆转被灭亡的命运呢。

纳兰望向远近处忙碌的人群，其实他们早已不再是叶赫部的旧族人。当年叶赫部被努尔哈赤所灭后，叶赫族人虽然未受到亡国奴式的虐待，却也不得不背井离乡。他们被分散开来编入了满族各旗下，被迫搬离了世世代代生活的家园。而如今，战争带给他们的生离死别已被淡忘，小兀喇繁荣的造船业吸引了无数谋生的人们。

只是，小兀喇这因生产军备而收获的繁荣又将奏响何地的哀歌？

梵钟清朗的声响回荡在小兀喇的空气中。弥散在这空气中的，还有半个多世纪前释放出的久久难以散去的血腥，以及纳兰那缠在一团的沉甸甸的思念。想来或许讽刺，善化人的梵钟响起在制造屠戮工具的厂房中，在保家卫国的名义背后，同一屋檐下的善念与恶行并肩而立竟然并不显得那么突兀。

纳兰这一番略有怨色的感慨是万万不能诉诸笔端的，他只能在嗓子里含混地咕哝几句权作释放。

抱才负屈恨虚度

康熙十五年（1676）的冬天似乎来得特别早。

腊月生的纳兰这时早已不再是襁褓里那个小婴孩了，

生日一事似乎也引不起自己与家人太多的注意。也无欢乐的抓周礼，也无郑重其事的弱冠礼，不过是至亲至爱普通一聚。

二十二岁了，这样的年纪在古代应是战场上建功立业的年纪了吧？

纳兰立于镜前，看着镜中的自己，眉眼，鼻翼，面颊，似与多年前也无太大区别，却怎么也看不到年少时的倔强与执着，倒是一丝自嘲的笑常常翘于唇边。二十多岁的他，也时常仰慕那些少年英雄，十九岁的霍去病已拜骠骑大将军，同年出生的周公瑾与孙仲谋，十七岁的肩膀便担起了江东之地的兴亡。

而自己呢？

这时的纳兰，心上压着太重的希望。从三月中进士到腊月生辰，暮春、长夏、整个秋季连同这过半的寒冬在日日的期待中飞过。与他一起金殿对策的同年们有的已到翰林院执笔，有些扬鞭万里走马上任。

只有他，至今仍是待业之身。有时候纳兰也不太明白，难道是日理万机的皇帝正值三藩作乱的混乱中，已将自己这样一个小人物抛诸脑后？这似也不大可能。纵使皇帝如此，父亲明珠应该也会从中寻找机会提点吧。

眼看清王朝西南处硝烟四起，纳兰早已忍不住要奔走边陲。比之学而优则仕的传统，旗人以军功挣得功名，本就是正道。然而他这一番拍刀摧马的请愿不过是旁白的想象。边关太遥远，沙场太血腥，明珠怎忍心将前途无量的爱子送进无情的刀光剑影之中。

空有一身力，一腔志，竟无处可使？虚度二十多岁年纪的他，至今仍不得不躲在王府的屋檐下。

马齿加长矣，枉碌碌乾坤，问女何事。浮名总如水。拚尊前杯酒，一生长醉。残阳影里，问归鸿、归来也未？且随缘、去住无心，冷眼华亭鹤唳。

无寐。宿酲犹在。小玉来言，日高花睡。明月阑杆，曾说与，应须记。是蛾眉便自、供人嫉妒，风雨飘残花蕊。叹光阴、老我无能，长歌而已。

——瑞鹤仙

这首《瑞鹤仙》便是纳兰送给自己的生日礼物。瑞鹤仙，单听名字似充满了祝寿的意思。在这漾着美好祝愿的词牌名下，寂寞和叹息毫无悬念地落了一地。

“马齿加长矣”，纳兰先叹自己已是年华虚度，隐在这叹息中的多少有些心有不甘的嘲讽。不止为自己，也为了身边那些才华横溢却壮志难酬的友人们。姜西溟，顾梁汾，马云翎……这些胸怀天下的汉族士子们愿放下满汉之分的嫌隙，用胸中韬略换一个清明安定的天下。可是历经半世奔波，又得到什么呢？想来他们应该和他一样，忙碌半生之后竟寻不到一个忙碌的理由。

在这一首词的前面其实还有一句不得不提到的注脚，“起用《弹指词》句”——这句意味深长的“马齿加长矣”原来出自顾梁汾的《弹指词》。

六年前，顾梁汾还是一个管理典籍的七品小官，日子过得不忙碌却也不清闲。只是这样闲散的节奏，与他初到京城时经邦济世的宏愿相比，实在是天壤之别。而立之年的梁汾有感而发，于三十岁生日这一天作《金缕曲》自寿，他写道：

马齿加长矣。向天公、投笺试问，生余何意？不信懒残分芋后，富贵如斯而已。惶愧杀、男儿坠地。三十成名身已老，况悠悠、此日还如寄。

二十岁的不平与三十岁的不愤是无法相提并论的。二十岁的纳兰尽管已于府邸中见识了官场上的倾轧与凶险，却尚未亲身体验过。而孤军奋战的梁汾那时已跌跌撞撞地出世近十年，小人物的无力与卑微已深入骨髓。比之纳兰的平静的自我嘲解，梁汾的自寿显然多了几分诘问苍天的意味。生余何意？偌大的国度里，自视甚高的梁汾遇不到伯乐，寻不到知己，甚至连对手都不曾有。这般无人问津的孤独，看似平静，却最能于无声中啃噬壮志与豪情。

在这一点上，纳兰貌似是幸运的，上苍将诚挚友人、红颜知己和识人伯乐一一引到他的面前，让他的生命不那么寂寥。

可是事实上，反观纳兰的一生，他遇到的友人、知己既是人生的幸运，亦是人生之大不幸。他结识了顾梁汾，生命中有三分之一的时间在为梁汾的好友吴兆骞而奔走。忧梁汾之忧，思梁汾之思，情绪总是被友人的喜怒哀乐左右。他爱之深的妻子，短短数年的相聚后便与他天人永隔，只剩下一个融合了妻子和自己相貌、性格的小男孩，时刻提醒着他此生只余一人独存于世，记忆里那些温柔旖旎都不再真实。

残阳影里，纳兰独立窗前，面前的祝寿酒似泛着粼粼的光，仔细看去却又纹丝不动。建功立业、光耀门楣的浮想不过如这杯中闪烁的水酒，如果能够长醉其中不必清醒，倒也是惹人艳羡的逍遥一生。可是但愿长醉不愿醒的迷梦终究有消散的一天，醒来后梦里的余温只会让冰冷的现实变得愈加冰冷且残酷。何必呢？

年轻的纳兰将那饮马疆场的辽远思绪一点点地折叠，小心翼翼地收藏进心底。

罢了吧，青史留名之事岂是人人可得？

佛法云，凡事不何执着。自古以来，抱才负屈的人还少吗？纳兰一向欣赏的西晋名士陆机，当年被长沙王司马颖拜为后将军，领二十万大军长驱直入，曾赚得多少英名？可是不久后与敌军战于鹿苑终惨遭大败。没有一个人能始终站在胜利的浪尖。这一败，陆机的命运也由此逆转，一些跳梁小丑粉墨登场。嫉贤妒能的宦人孟玖，加上耳根子软弱的长沙王司马颖，二人联袂导演了又一场功臣难以善终的悲剧。临终时，陆机才想起了他的故乡华亭，他云游山川的少年时代，终忍不住长叹："华亭鹤唳，岂可复闻乎！"

这样的哀号是不需要答案的。

纳兰已在心里默默做了批注，与其事过境迁时回味前尘往事，不如于这花间斜阳里闲度余生。只是，才二十岁的他，如何便存了不惑之年的颓然？一番雄心壮志被闷在管弦声色中，时间久了，再高远的志向也是死水一潭，空叹一声"廉颇老矣"。

这般翻覆的心情，有谁可体会？纳兰思来想去，还是寄给异姓兄弟张见阳吧，唯有这位少年时的好友应当能明白他整整一晚的无语独坐。

一个人心中得有多少悲伤，才能将文字浸染上眼泪的苦涩？人们常说“触景伤情”，当纳兰“伤情”的原因再无从考证时，我们也唯有把那一腔化不开的愁绪归咎于萧瑟斑驳的人生路途之风景。

卷三　倾心初遇，情深缘浅

情窦初开为谁人

哪个少女不怀春，哪个少男不钟情？烦恼的不只是少年维特，还有二百多年后的你我，以及多年前的纳兰性德。

初恋的年纪，也不过十几岁吧。十几岁的孩子，不知人间的疾苦，也暂时不必知晓无常的命运。春花秋月与小楼东风齐备，用于怀念的道具都已摆好，人生的舞台他们正在上演着一出叫作往事的戏码而不自知。

初恋这件小事，不过是匆忙人生中的一瞥，甚至来不及遗忘便消散在柴米油盐的江湖中。初恋这件纠缠了一辈子的事，多年后又隐约浮上心头，长成胸口的朱砂痣，变成床前盈盈一握的明月光。

才刚刚十七岁的纳兰，现在还是那么眷恋着那段年轻的岁月。他与她，模糊的相遇，短暂的相知相伴，以及无法阻拦的别离。纳兰定没有想到，这样的剧情在他的有生之年要上演多少次。从这个角度讲，人似乎应该庆幸对未来的无知，以及对命运的不可预见。正因为不可知，所以才将每一次遇见当成最好的邂逅去呵护，将每一次的分离当成最后的重逢去珍惜。

纳兰记得初见表妹时，她还只是个会咯咯笑或者哇哇哭的小女娃，再见时她已长成了大人模样。那是在他的家吧，在书房，或是在母亲的房间？纳兰记不清了。记忆中闪耀的，唯有那秋水含情的双眼。就是那双黑色的眼睛，即使躲在别人的背后也还是偷偷地上下打量他——这位陌生的具有传奇色彩的表哥。

她就像一片云，不打一声招呼便生生地飘进你的心里，让人来不及拒绝便牢牢地倒映在你的心湖上。有风拂过，她不会顺流而去，而是升腾成白色的水汽，一条玉带般，一弯小溪般，一首山歌般，萦绕在心田里那仅余的空闲的心田。

渐渐地，他们便熟了起来。她会机灵地捉迷藏了，门背后，书架后面，衣柜里头，贮水用的空铜缸里，她总能躲到他想不到的地方。纳兰有时甚至会怀疑，她是不是志异小说里远方的精灵。

后来，她学会认字了，会装成老学究的模样，小尾巴似的跟在他后面，考考比她大不了几岁的纳兰。

后来，她也学着刺绣了，只是别的小姑娘们的手帕上都是蝶恋花、鹊登枝的图样，只有她绣的不知哪里的无名小花小草，在那一片姹紫嫣红中倒也别致得抢眼。

后来，她学会弹琴了，他是她的第一位听众。

后来，他开始作诗了，她是他的第一位读者。

栀子花，白花瓣，后来的故事令人不知该如何追忆。

她见他练剑时会眉眼弯弯地抿嘴一笑，她听他高谈阔论时喜欢微微地仰着头，她看他读书时会默默地颔首而后悄悄地离开。她不敢再像小时候那般凝望少年英雄般的表哥，却又忍不住用富有质感的目光轻轻瞟过他。他望向她的双眸盛满了笑意，那笑意肆无忌惮地蔓延到唇边，嗫嚅着想说些什么却终究开不了口。

正如童话中的初恋，他们埋下两小无猜的种子，浇灌青梅竹马的甘露。初春的阳光下，少女的羞涩与少男的思恋迫不及待地、微妙地绽开。

他以为，他们会一直这样，面对时不需要言语，不在一起时也能沉默地倾听，继而天长地久地陪伴下去。

可是，谁都知道这不过是一场风花雪月的梦。

因为是梦境，所以一切都被精心雕琢。猛然，就像那首《流年》，唱到“懂事之前，情动以后，长不过……”深深地呼吸，一个“长”字还没来得及发声，便直直地咽下，空余了半腔人生难如意的怅然闷在胸口——这一闷，便是一辈子，一个轮回。

风也萧萧，雨也萧萧。

醒也无聊，醉也无聊。

纳兰的十七岁就这样在半梦半醒间浑浑噩噩地过去，唯有表妹离去时乘的那顶灰色小轿总是清晰。喜气洋洋的府邸里处处是红红的灯笼，如表妹红彤彤的脸庞，如表妹红通通的眼睛。她走了，没有留下只言片语。只是那幽幽的目光拂过他时，他听到了什么“滴答”一声重重地沉没。垂于轿前的那粉色的流苏，随着远行的轿一前一后的摇摆着，就像表妹一步一声无言的啜泣。

思念，从她转身的那一刻开始。

表妹离开的第一夜，纳兰装作表妹回家探望父母。不过三两日的小别，来日方长，纳兰心里默默地念叨着。一天，两天，半月，纳兰数着月亮阴晴圆缺两遍三遍，看到北斗星的柄从西向北，听风的声音同瑟瑟转向呼啸。这一次，表妹要在家多住些时日而已，纳兰清醒地骗着自己。记忆和希望就像是两个坏天使，他们用金色的弓与箭从四面八方提醒着你，愈想忘记的过往，便愈加清晰地浮现。

那段没有结果的念想，并没有随着这个冬天而沉寂地睡去。相反，它更像是感光型元件，在日渐缩短的影子里温柔地苏醒。

“心似双丝网，中有千千结”，伴着灯花，纳兰假借习字的名义将这有心结的诗句织成一缕绵长的线，层层缠绕在心上。每写一笔，那线就收紧一寸，将他勒得生疼，疼到连呼吸都窒息，心跳也一并要暂停。

花丛冷眼，自惜寻春来较晚。知道今生，知道今生那见卿。

天然绝代，不信相思浑不解。若解相思，定与韩凭共一枝。

——减字木兰花

纳兰将不能呼喝出的思念缠绕于笔端，倾注于红笺之上。他无力抗击，也无法抗击——这一点甚至不如诗中的韩凭。

相传韩凭的妻子何氏被宋康王霸占，韩凭入狱，何氏在密信中写道“其雨淫淫，河大水深，日出当心”。作为现代人的我们可能很难理解这些犹如黑话般隐晦的诗行，可是这些难不倒王之左右。有一个叫苏贺的大臣揭开了谜底，“愁思不止，难再相见，以死明志”。那何氏假意顺从于宋康王，身穿被腐蚀过的孝衣为韩凭祭祀，礼毕后从高台纵身一跃，遵循了她“日出当心”的誓言。

只是，传说毕竟只是传说，古代的事情已成尘烟，当事人都不会再跳出来印证。当代人也乐得在看腻了兄妹之恋、绝症之爱的肥皂剧后，从历史的墙角挖些风雅的情事。

韩凭的事讲到这里还不算完。貌美的何氏除了忠贞，还给后人留下了《乌鹊歌》：

乌鹊双飞，不乐凤凰，妾是庶人，不乐宋王！

不得不承认，何氏是值得敬仰的。她不过人世中最平凡的一女子，竟以最决绝的方式选择了爱的自由。

自由，在尘世间只能用于向往，它与金钱、权力及人间烟火向来是鱼与熊掌。何氏应该庆幸，她尚存选择的自由。而纳兰的表妹，她的家庭，甚至她所处的整个时代，都没有这样的选择权。“乐”与“不乐”，不是一个应召待选的秀女说了算的。纳兰和表妹不偏不倚地被卡在了过去与未来的夹缝里，又不高不低地走成两条异面的线。

《搜神记》里的一个小故事，于你，于我，或许都只是一个故事而已。于纳兰，却更像是改编版的悲情罗曼蒂克。纳兰守在天的这一方，不离，不弃。令他痛苦的不是等待，而是找不到等待的理由。匆忙的现代人很难理解纳兰的慢热与慢冷。所以有人说“我们不曾在原地守候的人，不会懂得站久了双腿无法弯曲的痛”。

少年的情思来去都匆匆，这段隐秘的爱恋便这样被埋藏在街角。无论什么感情，都会被流年钻上一个空子，挤回到相见不相识的陌路里去；无论什么回忆，还是会被尘埃套上一把铜锁，老死在曾经里。

初恋的天长地久，可抵得过昙花一现？纳兰，趁着这似曾相识的恍惚，请快将她忘记。你不知有多少人值得等待，更不知还有多少爱可以重来。

红桥梦断徒生忆

这个世界最令人难忘的时刻往往都是人生的初次。

比如初次遇见时，你为他偷偷飘来的视线愣了一秒，这一秒从此扎根在心底。

再如初次相约时，你为她神气活现的表情和飘飞的裙裾悄悄失神，那一抹失神的微笑羞涩地蔓延到两个人交汇的眼神中。

又如初次来到了一个新的城市那种奇异的距离感，让你感到陌生与不安，或者久违的放松。还有孩子初次的啼哭声，那尖锐的嗓音含着无限的生机和希望，听在耳里竟奇妙地化作一支毕生难忘的歌。

当然，还有初恋，青涩的初恋，提醒我们年少时都曾有过一颗剔透的水晶般的心。在心灵不曾落灰时有过一段单纯的过往。

对初恋的感怀，应当是古今相通的吧。纳兰亦然。他与表妹的初遇，那甚至说不上是恋爱的甜蜜的羞涩，再到从此萧郎是路人的别离，一直兜兜转转地徘徊在他的心头。

多少年过去，纳兰已不是那个单纯的少年。身为纳兰一族的后人，爱新觉罗的臣子，他的学识需要贡献给这个还不算太平的天下，他的思想要忠诚于那个站在权力制高点的家族，甚至他的感情也无法由自己把握——他得听从父母的安排，皇权的意愿。更赤裸裸地说，他也不过是政治利益中微不足道的一枚棋子。

长大后的纳兰终于看清楚了这样的现实。与其日日受这相思难相见的苦楚，莫若就此罢手，相忘于各自的世界中。

只是相忘岂是件容易的事。

冷香萦遍红桥梦，梦觉城笳。月上桃花，雨歇春寒燕子家。

箜篌别后谁能鼓，肠断天涯。暗损韶华，一缕茶烟透碧纱。

——采桑子

那一夜，你宿在红桥。

梦中开满了清香四溢的花朵，这本是完美的约会。

却在梦外，听到孤寂的胡笳声，醒来时，身边一片成空。

月光洒向花枝，桃花如画，人更如画。

风雨过后，春寒料峭。

离别之后，万物皆空，天地悠悠，佳人离去，从此断肠人在天涯。

韶华不再，芳踪难觅，岁月如同一缕茶烟，就这样飘然远去。

纳兰在词中叙述的是所爱的女子离去后的苦闷心情。情景交融，时而虚，时而实，现实与梦境的交汇，描绘出一副脱离于现实的画面。纳兰通篇选取寂寥的景物，来烘托自己内心的寂寞和不舍。

对于纳兰来说，遗忘恐怕是比舍弃生命还要难做到的一件事情。

忘记是种很玄妙的东西。它就像沙漠里的楼兰古城，需要在一片荒芜和空白中被岁月的风沙悄悄地销蚀。多年后当我们面对这一场风花雪月的遗踪，虽依稀有着似曾相识的印象，却怎么也记不起来那年那夜明月几分。

像纳兰这般，刻意地忘记一个人，往往是徒劳的。纵然你可以克制自己在忙碌的白日不要沉沦于儿女情长的温柔乡中，却管不了这些被压抑的感情在夜晚愈发生机勃勃地缠在心上。

他们的故事，在院里那棵高大的梧桐树下，在门前长了青苔的水井边，在盛夏里缠了葡萄藤的花架下……小小的院子里，几乎每一处都掖着温柔的笑。

这一夜，入梦来的是那座弯弯的桥。

纳兰在这里所说的红桥是不是扬州城里西湖边上的那座？三百年后的今天无从考证。扬州的那座红桥，凭借文人墨客的歌咏，早已扬名天下。“红桥飞跨水傍边，一字栏杆九曲红”，几十年前的王士祯在扬州任一闲散官员时修葺了红桥。他作《红桥游记》引得大江南北名士纷至，直到纳兰随行游历苏州时，也忍不住特地来此唱和了一番。

时至今日，我们不再关心那座红桥的来历。我们只需要知道，这座红桥承载了两个人心有灵犀的交谈，或许还有执手相看的旖旎。而今，在这些温馨的记忆被冰封前，纳兰将它们一页页展开，仔细抚摩着。他留恋的目光，是在与这段美好的逝去的岁月做最后道别。

对于纳兰来说，心存期待又毫无希望的等待比永别尴尬得多。

告别一段没有未来的感情，重新回到光耀门楣的正途上来，莫再因那双握不到的手而徒增悲伤。须知道，他的时代容不得这样自由纯真的爱恋。

如果还有机会选择一次人生，估计纳兰宁愿不曾认识这样聪慧的佳人，不曾见识她的美丽与温柔。如果今天站在这份回忆面前的是纳兰的一位友人，纳兰一定会毫不犹豫地劝他选择遗忘。即使无法遗忘，也要与此作永远的分别。唯有如此，才能逃脱那些虚无的回忆，才得以开始人生新一段的旅程。

只是，当主人公换成纳兰自己时，他舍得吗？

与这些美好的过去告别，如同将身体的一部分挖去，它让我们的人生变得不完整。日后，当苍苍白发的我们躺在摇椅回想年轻岁月时，会不会觉得心中缺了一角？那残存的一角在岁月悠长的注视下，成了一道碰不得的丑陋的疤。

纳兰在这冷冷的夜里也反复思量着。站在梦与醒的交界处，耳边打更的笳声提醒纳兰莫再做那寂寥的梦。怎奈那梦境里表妹的巧笑倩兮如磁铁一般，疯狂地吸附着他的心，让他始终踏不出那违心的一步。

寂静的凌晨三点，平日里听不见的声音全部涌了过来，在耳根下零零落落地绽开。窗外晨雨初歇，料峭春寒中但见双燕归来。“双燕复双燕，双飞令人羡”，连谪仙一般豁达的青莲亦对双燕心生羡慕，何况羁绊于尘世中的自己呢？想到这里，纳兰有些无名的恼怒，细思量，仿佛双燕的出现从来都是用以衬托人间夫妻的孤独与憔悴。

双燕双飞双筑爱巢，一人一木一地落花。

这样的对比只是让多情的人更加难堪。她的离去已是既定的事实，没有任何驳斥和假设的余地。她的软语和芬芳早已不见，只有那些珍藏于纳兰屋内那一架箜篌，一方小小的首饰盒，还有她从前戴过的一只发钗，证明她的来去不是一场梦。

多少次，纳兰远远地望着这架已满是灰尘的箜篌，越过密密的琴弦似又隐约看到了那个秀丽的身影。那双灵巧的手在粗细不一的琴弦中勾抹拨挑，将一串串清丽的音符扬在两个人的心间。每一个音符落在心上，都像是蒲公英的种子，顽强地在心底扎了根。爱恋与思念就是从那个时候开始疯长。

那架箜篌如今还停放在那里，只是静默得像被吸去了灵魂。纳兰随手拨动了琴弦，原先那清脆的铮铮之声现在已如同她离去前的呜咽，叫人不忍再弹。谁能想到，多年的朝夕相对，一人一琴竟演变成了灵与肉的合而为一。灵已去，琴便如病入膏肓的躯体，那珠圆玉润的风采也随她一同消散。

纳兰咬了咬唇，还犹豫什么呢？

整夜的思虑不过就像将这些伤害又温习了一遍，让疼痛再深刻一点，沉睡的心再麻木一些而已。就让那无休止的思念透过天青色的窗纱，弥散于这熹微的晨光中吧。只是，悄悄地，莫再奏响沉默的笙箫。

就在此刻，纳兰心里默念，如果有机会，我愿与你相遇在淡烟微月的江南红桥之上，只瞥一眼，烙下一模糊的影，足矣。

赌书泼茶誓三生

你愿意娶她做你的妻子吗，照顾她，爱护她，无论贫穷还是富有，疾病还是健康，相爱相敬，不离不弃，永远在一起？

西方的白色婚礼中，牧师总是代表上帝做这样的提问。

与其说这是上帝的询问，不若说是一种承诺。婚姻，它将两个人绑在了一段誓言中。但是，这种虚弱的盟歃能持续多久呢？它的力量远远不如让两个集团双赢的现实利益强大。

且不说纳兰这脉一心渴望出人头地的家族，就连握有最高权力的皇帝，自己的婚姻也不过是一场利益的结合。

顺治帝与博尔吉济特皇后的结合，是内廷与外朝相互妥协的平衡点；康熙与赫舍里皇后的结合，是皇家困住四大辅臣的无形镣铐。

因爱而婚的观念，在纳兰的时代里是没有立足之地的。唯有“父母之命，媒妁之言”才是受到认可和祝福的关系。

纳兰那正统的父亲会为他挑选一位怎样的女子呢？

温柔的，善解人意的，或者还须得有些才气的，这些都不在父亲考虑的范围之内。父系社会的家长怎能容得儿子沉恋在销骨蚀魂的温柔乡？此时的父亲，更确切地说应该被称作是明珠大人，他用傲视群雄的眼光和治国平天下的韬略为儿子、自己以及整个家族，寻觅一位最亲密、最得力的伙伴。

明珠的目光落在两广总督卢兴祖身上。卢兴祖曾是清初四大辅臣苏克萨哈的部下且颇得赏识，官场一路平步青云。康熙六年（1667）七月，鳌拜集团将苏克萨哈绞死，苏的子孙也因此获罪。时为两广总督的卢兴祖为了明哲保身，以无能平定盗贼为由自请罢斥，按例回到北京。他的女儿也随家眷一起迁居京城。

古人对婚嫁有着严格的规定，除了门当户对，还有着“嫁女必胜吾家，娶妇必不若吾家”的基本原则。卢兴祖虽遭贬斥，但卢家乃官宦大家，不会因卢兴祖一人的遭遇而没落。且卢兴祖身在汉军旗，与纳兰氏素有渊源，纳兰氏与卢氏的结合是满汉联姻的产物，这与康熙初年满汉一家的政策默契地达成了一致。

卢兴祖的女儿，就这样被选为纳兰的新妇，他们都没有来得及见上一面，便被一起牢牢地绑在了命运的船上。两家从此一荣俱荣，一损俱损。

不得不承认，这样的政治联姻也有其存在的意义，至少它强有力地维系了婚姻的稳定。而纳兰，在明珠看来正是这场结合中最大的受益者。只是儿子为什么看起来对这样一件美事兴味索然呢？明珠觉得他越来越不懂令他骄傲的儿子了。

这让纳兰怎么快乐得起来呢？他觉得自己仿佛是在面临一场判决——对，婚姻对他来说，只是一场不知罪名的判决。若得一可人，便被判入幸福的天堂；若得一无趣的木偶人呢？他不愿意继续想。

二十岁的纳兰，还没有尝到爱情的滋味，便要先付出了婚姻的承诺，将自己卷入到一场终久避不开的利益旋涡中。

新婚，本该充满期待的夜里，纳兰心里充满了多少忐忑！

十八年来堕世间，吹花嚼蕊弄冰弦。多情情寄阿谁边。

紫玉钗斜灯影背，红绵粉冷枕函偏。相看好处却无言。

——浣溪沙

纳兰屏住呼吸，用秤杆挑开盖头。盖头下的新娘微垂着头，一双圆圆的杏眼好奇地向纳兰瞥来探究的目光。察觉到纳兰也在打量着她，她像受了惊的小动物将目光缩回到她小巧的脚上。

这就是纳兰的新娘，卢氏，卢兴祖的女儿，生于南国又迁居京城的汉军旗女子。这一系列的标签此刻都失了作用，从此以后她只是他的妻。纳兰立在床边，微微愣着神。

粉藕颈，桃花腮，瓜子脸，只有汉族女子温婉的容貌才配得上她那温柔的心吧？不错，卢氏正是咀嚼着汉字长大的汉家女子。

卢氏的父亲卢兴祖是入关后清朝培养的第一代读书人，他在任两广总督期间曾多次提议教育培养当地俊秀之士，对子女的栽培倍加用心。卢氏，便是饱读诗书又不事张扬的女子。

红烛下，卢氏清丽的容颜上飞出两朵红云，宛若开在天边灿烂的朝霞。她低眉时的温顺，目光中的灵动，都被他一一收入眼底。这般动人的女子，她的美目盼兮，巧笑倩兮，只为他而生。他的犹豫、紧张和不知所措，在她温柔的注视中都化作阳春三月的雨，汩汩地滋润着他的心田。

年方十八的卢氏，今夜里闪着温和又夺目的光，让人移不开眼去。

纳兰道，十八年来堕世间，她会不会是另一颗落入凡间的星？东方朔生前曾说："普天之下懂我之人只有太王公。"待他西去之后，汉武帝听闻此言便问召来太王公询问。太公王夜观星象后告诉汉武帝："天上诸星惟岁星十八年不见，今时复见。"良久，汉武帝长叹一声："东方朔在朕身边十八年，朕竟不知他是岁星。"纳兰不要汉武帝的后悔和遗憾，从今夜开始，他要用尽一生守护这颗尘世间剔透而明亮的星。

纳兰第一次觉得权力、地位和家庭利益之间的交易与联合也不像看起来那样无耻和残忍。至少这场交易为他寻得一位温婉的汉家女子，做今生今世的爱人。花蕊，冰弦，紫玉，他抛弃了对政治联姻的鄙夷和愤怒，用尽世间最美好的意象来记叙这为数不多的幸福时光。

卢氏是这世界上独一无二的，不同于他见过的任何女子。

至少不同于纳兰的妹妹与母亲。

纳兰的妹妹，自幼被娇养于明珠府里，多了几分刁蛮和任性，却少了几分女孩子的娇羞。而纳兰的母亲虽是英王阿济格的嫡女，本应坐享世间珍奇，却因阿济格谋反被连累罢为平民，受尽了宗室的冷落与白眼。正是这一贫一富的交替，一贱一贵的反差，让母亲那双柔弱的眼中渐渐透出了凌厉的气势。

纳兰精明的母亲太了解他的孤独与寂寞。纳兰需要一个知心人，在他愁苦时能静静地倾听，焦灼时能细语抚慰，最要紧的是能懂他诗中的风情——就像一朵娴静的解语花，陪在他的身边默默地绽放。于是，在那么多王公亲贵的女儿中间，母亲独独选了卢氏。

卢氏，纳兰的新妇，就在这融融的红罗帐中卸去那些繁复的装饰，像一株纯白色的单瓣芙蓉，亭亭地立于红锦帐下。室内的红烛、红毯、红衾被，此刻不过是一个生动的背景。在这浓烈的背景下，她那清丽脱俗的风姿愈加摄人心神。

或许是因为一个人的岁月已太久，纳兰起初还不习惯身边那个亲密的存在。幸福的手突如其来地攀上纳兰的生活，他竟甜蜜得不知所措。一向机敏的他即使在拜见东海徐先生时也从未如此紧张，面对她时却怎么也找不到合适的话。

说她美得像天上的星星吗？纳兰唯恐轻薄了眼前这个

娇滴滴的女子。尽管她不是绝世红颜，但在他的心里已是无双。此刻，唯有无言才能诠释这个醉人的夜。初次见面的他们还不习惯那些炽热的表白。她已是他的妻，他们有一辈子的时间可以用来缓缓绽放那些眷恋。

面前的两人，前世许是在三生石上刻下诺言，才有了今世曲折的相遇。

他们忘掉他的家庭，忘掉她的姓氏，忘记满汉一家的倡议，将这世间斤斤计较的争斗和滴水不漏的算计悉数忘掉。他们将全部的心思放在彼此之间的呼吸中，将全世界缩成一个温柔的拥抱，从此不离不弃。

直至，死亡将他们分离。

一种相思两处愁

杨柳岸，晓风，残月。

当这样的场景巧合地交织在一起，几千年的离愁别绪便不由自主地浮出了水面，凝成了离人眼中的薄雾，腾起一句“多情自古伤离别”。

古人的离别远远比雷厉风行的现代人要深情得多，他们往往会在晴朗的黄昏，选一处静谧的长亭，三杯两盏淡酒一入愁肠，顿时激荡起那些伤离别的情绪。

这一年，二十二岁的纳兰不负众望，成为康熙帝钦点的第二甲第七名。从十七岁起就开始等待的他，终于如愿以偿得到了进士出身。可是他出人意料地被闲置在家，未被授予任何官职。年少的纳兰心有不平，却终究没有多言一字，皇帝钦定的结果岂容置疑?

焚香静坐，夜读诗书。一时间，纳兰仿佛又回到了两三年前师从徐健庵的日子里，终日沉浸在书海墨洋中。只是，这次研读的换成了佛家经典。薄薄的《金刚经》，从闲置的书架中被检索出来，拂去厚厚的灰尘，置于他的案头。

佛理的种子，早在幼年师从丁腹松先生时已种下。如今，这粒种子只是在失意人的心里找到了一片适宜生长的沃土。“楞枷山人”的名号，或许就是从这时开始悄悄渗入纳兰的心底。

没有一官半职，没被委以重任，在皇权不容反抗的压力下，纳兰感到前所未有的孤独与无助。仕途上的孤独是冗长却无力排解的，它也由不得你选择——正如一个人对他所处的时代缺乏选择权。那至高权力的光环前有多少春风得意的快感，便有多少欲说还休的叹息飘落在权力的阴影后。

来一次出行吧。尽管纳兰信奉“父母在，不远游”的条框，但谁能长期忍受得了头顶笼罩的乌云？

五天，十天，一段不长不短的出行可以短暂遗忘那些不快，纵情于山水之间，让人在这闷热的午后为之一振。

烟暖雨初收，落尽繁花小院幽。摘得一双红豆子，低头，说著分携泪暗流。

人去似春休，卮酒曾将酹石尤。别自有人桃叶渡，扁舟，一种烟波各自愁。

——南乡子

一双柔弱的红酥手怎能挽得住远行的风？

尽管卢氏不舍得他的出游，那些劝解的话在她的舌尖打了个滚，终于还是被吞咽。与纳兰相伴两年的卢氏太了解纳兰的郁郁不得志。夜半的辗转难眠，无人处的声声叹息，书读半晌后突然的呆立，那不是她认识的那个踌躇满志的纳兰。

在丈夫的别离与快乐之间犹豫了一秒，她终究还是选择了后者。在以夫为天的清朝，纳兰的快乐不仅仅是两个人的幸福，还是纳兰一家，卢氏娘家，以及许多与纳兰家息息相关的家族的期望。

然而刚满双十年华的卢氏还不太懂得这些盘根错节的关系，她只是单纯地想再看到爱人脸上扬起的笑容，自信的，幸福的，有时还带着些许孩子气的。如果短暂的别离真的能为纳兰注入朝气，卢氏愿意独自守在闺房，守着相思，等待纳兰的回归。

一帆风顺的祝福和依依不舍的眷恋，在卢氏的心里互相撕扯着。离别的路口，她一面轻道“平安”，一面又将满帕的红豆子揣入纳兰的怀里，这是爱人才会有的纠结。卢氏以为这样的思恋不过是她自己的一厢情愿，怎能撼动胸怀天下的纳兰？然而她太看轻了纳兰真挚的感情。她递上红豆时那幽幽的小女儿情态深深地定格在纳兰的词曲间，即使过了数百年，依旧倾吐着绵长的幽香。

将她送的一帕红豆贴在胸口，帕上似还沾着她的体温。“劝君多采撷，此物最相思”，虽然出身书香世家，但卢氏素来不长于诗词。那个年代，女子的才情不是可供炫耀的资本，卢氏所能吟诵的关于红豆的诗大约不过王摩诘等人的寥寥数句。诗中的红豆最是表里不一的果实，它穿着喜庆的红外衣，却包裹着一粒唤作离别的内核。那一粒粒饱满的红豆沉默地摊在掌心里，似一颗通灵的心欲诉相思，却最终喑哑了嗓音。

这样情意缱绻的离别是纳兰不曾预料到的。他不过是小别几日，满腹经纶的他眼里多是“海内存知己，天涯若比邻”的辽远意境，或“天下谁人不识君”的豁达情怀，却独独漏了柳三变的这一句——“执手相看泪眼，竟无语凝噎”。

泪别，多少思妇的惆怅都化作一滴晶莹剔透的泪，悬在夜晚的天空，温柔地注视着远走他方的丈夫。

就像古代幽怨的石尤氏。

石尤氏的丈夫出外经商多年不归，石尤氏便每天倚门相望，却敌不过思念的煎熬，凋谢于经年累月无果的期盼中。即将撒手人间时，石尤氏仍幽怨地祈求，愿化作一阵临行前的大风，替天下所有女子阻挡她们远行的丈夫，使她们不再受这相思之苦。从此，石尤氏家门前的那段江面上果然时常刮起大风，过往的船只难以通行。

比之思妇对影自怜的闺怨与忧伤，石尤氏的这一番抱怨要大得多。她以一缕轻飘无力的灵魂为天下的女子谋福祉，这点倒是与纳兰多少有些相似。

此时的纳兰一边忍受着那高高在上的统治者带来的苦恼和压抑，一面又时时幻想着有朝一日效力于皇权，或者说为天下苍生尽绵薄之力。穷则独善其身，达则兼济天下，纳兰在自己陷入困顿时，依旧念念不忘读书人的职责。可是不得志的他终究是敢怨不敢怒，敢怒不敢言。正像封建时代被锁于深闺的女子，纳兰没有与命运抗争的勇气，他只能以一脸落寞暂时告别这令人透不过气的阴霾。

刚刚转身上路的纳兰已经迫不及待地开始期待与妻子的相聚。卢氏应该也会来迎接他的吧？“但渡无所苦，我自迎接汝”，和聚散离别有关的诗词中，王献之的这首《桃叶歌》最是溢满了欢乐。献之当年宠爱一名唤作“桃叶”的女子，为了两人的相会，桃叶常常往来于秦淮两岸，而献之总是在渡口亲自迎接她。在没有即时通讯的年代，献之每每翘首渡口静候佳人，并于漫长的等待中作了这首《桃叶歌》。

一段美妙的传说总会绽放出一朵曼妙的花，引后人无限遐思。比如献之与桃叶往来的那个渡口，后来便叫作桃叶渡，至今仍停留在繁华依旧的秦淮河沿岸。

可是没有哪一朵曼妙的花能敌过“春去也”的叹息。

王献之与桃叶的故事不知绵延了多久，终至无言。他另有新欢，她也看透世事无常，他们像两条相交的线，短短的交会后又各自奔赴远方。纳兰与卢氏终究也没有一起走到最后，他们选择了更加决绝的方式分别。这一别，便是一生一世。

这样想来，我们倒宁愿选择一段短暂的交遇——比之生与死的鸿沟，即使是无爱的重逢也是令人感怀的，至少我们还有一句“好久不见”的生动问候。

长亭外，卢氏贪恋地追寻着纳兰远去的身影。思念，是一座冷冷的凉亭，她在这头，他在那头。

不久后，这方凉亭将变成一方矮矮的坟墓，她在这头，他还在那头。只是，当初的思念变成了浓得化不开的愁，从此萦绕终生。

卷四　曾经沧海，只道寻常

天上人间情一诺

世界上最遥远的距离，不是天各一方，不是你站在我面前却不知道我爱你，而是我们眼中明明只有彼此却终究跨不过浮在眼前的桥。

那桥唤作奈何桥。奈何桥的那一端，卢氏或许已经忘记前世的记忆。这一端，纳兰守着他们三年来的点滴记忆陷入了痛苦。

康熙十六年（1677），是纳兰生命中无法回避的标签。

这一年的新春与初夏，纳兰与卢氏还在一起期待着小生命的来临。纳兰其实已经不是第一次做父亲了，一年前妾室颜氏生下长子富格，这个聪明漂亮的小男孩如今已到了牙牙学语的年纪。但纳兰还是觉得兴奋不已，因为这个还未长成的小生命是他与卢氏的孩子，生长了纳兰的骨和卢氏的肉，将要继承满人的威武与汉人的温婉。海亮，如果是个男孩那就叫海亮吧。从刚知道卢氏怀孕开始，纳兰就一直在犹豫到底要给这个孩子取什么名字。

古代女子的生育是人生的难关。从周朝君主武丁的王后妇好，到康熙的孝诚仁皇后赫舍里氏，不管是来自富贵乡还是贫贱地，无数女性长眠在这一道鬼门关。她们以生命为代价将未来与希望带给世界，却留下了一生一世的思念和叹息在人间。

卢氏不过也是这个悲剧时代的沧海一粟。

产后的卢氏一直被疾病纠缠着，从前她那牡丹花一般灿烂的面颊深深地瘦削下去，腮边飞起的红晕也不见踪影，那苍白的脸颊只有在望向海亮时才会吃力地露出笑容。海亮，那是纳兰与她今生剪不断的牵连，是他们合而为一的来世。即使卢氏有一天离去，纳兰看到海亮便不能将她遗忘。

纳兰无暇遗忘，此刻的他陷入了重重矛盾中。

郎中的诊断使他明白也许他们只能走到这里。可是另一方面，他又在为卢氏、为自己编织着童话。他说，他们要一起教海亮学语，看着海亮成家立业，他们还要一起慢慢变老。

海亮出生三天时，纳兰聚齐了亲朋好友，热热闹闹地为海亮举办了“洗三”礼，迎接这个被期待已久的小生命。可叹的是，半个月后，卢氏去世后三天，纳兰又要亲自为她“送三”，来吊唁的依旧是半月前见到的那些人。这一迎一送，来往的不是金银玉器，而是生命，活生生的不能复制的生命。

命运何其残忍！它给予纳兰所谓的幸福，不过只是为悲剧的揭幕制造了可供破坏的素材，不过是通过对比使眼前的不幸更加撕心裂肺。

一生一代一双人，争教两处销魂。相思相望不相亲，天为谁春？

浆向蓝桥易乞，药成碧海难奔。若容相访饮牛津，相对忘贫。

——画堂春

一生，一代，一双人，纳兰用这三个“一”将终生泣血写尽。

卢氏仿佛天生是为他而生。他考中进士后被皇帝闲置在家心灰意冷时，他与汉族士子们的交游难以突破阶层的藩篱时，他想投身于戎马生涯却报国无门郁郁不得志时，都有她在。不仅因为纳兰是她的夫、她的天，还因为卢氏懂得这个贵公子心底的寂寞。

纳兰太需要这样一个温暖而纯粹的拥抱了。旁人眼中，他是明珠的儿子、风流倜傥的纳兰公子，只有在卢氏身边他才是容若。她甚至不嫉妒纳兰与表妹的过去，不介意他们相识前他心灵上的走失。卢氏总说，有个能照顾他的女子本是好的。

在结局出现之前，悲剧和喜剧总是让人难以辨认，剧中时常响起温馨而浪漫的插曲。就在几个月前，卢氏与纳兰还在小佛堂焚香静坐，一人手捧一卷书，焚在香炉里的鸳鸯饼终日不熄。他们还在一起试品新茗，卢氏曾说她最爱龙凤团茶，因为龙凤团茶产于福建，自小生长在南国的卢氏从那茶里嗅出了家乡的味道。

人总在失去时候才回想起拥有时的美好。天生的一双人，还有什么距离比生与死更加久远？唐骆宾王说：“相怜相念倍相亲，一生一代一双人。”骆宾王代女道士王灵妃写给情人李荣的这首诗始终缠绕着浓浓的思念，却没有对命运呼天抢地般质问。

李荣被唐高宗召至都城长安，作为道教的代表与佛教论战，这场旷日持久的辩论以李荣败于僧人静泰为结局。其实任凭李荣再聪敏善辩，他的失败是早已注定的。唐王朝好佛世人皆知，佛教是他们心目中的正统，而其他教义都是旁门左道。名誉扫地的李荣灰溜溜地被贬回了四川老家，却意外地收到了远在长安的女道士王灵妃这封情意缱绻的诗信。

纳兰化用了这封信中的两句诗，却借不来相同的意境。此时的纳兰不仅为卢氏的离去痛彻心扉，也为命运的捉弄而愤怒。长相望，长相思，却终不得长相守。生活仿佛在前方挖了一个巨大的黑洞，冷冷地看着他突然掉下去，似要让他知晓原来的幸福不过是大梦一场。

天为谁春！温润如玉的纳兰从不知道自己竟也有这般激烈的诘问，可是他能问谁呢。问苍天为何要他们相识相爱一场吗？纳兰不舍得质疑他们的相遇。有卢氏陪伴的三年是他最温暖的三年，他怎么忍心连这一缕短暂的阳光都拒之门外。

定是他的幸福得来太易，因此终不得长久。正如嫦娥省略了苦苦修行的过程，靠着偷吃仙丹即刻成仙，纵然能长生不老，却只得孤零零地待在冰凉的广寒宫，用漫漫长夜寂寞地舔舐着不劳而获的悔恨。

与之相反的是发生在蓝桥的那段传诵千年的姻缘。唐长庆年间书生裴航科举不中后外出游玩，在蓝桥偶遇一名叫云英的美丽女子，顿时心生爱慕，遂向她的家人求亲。云英的奶奶故意为难裴航，不要金银珠宝，却要裴航找到她梦中神赐的宝物玉杵臼，并约定百日为期。裴航恨恨而去，回京后不再操心科举之事，成日在坊曲闹市探访这件玉杵臼，惹得众人都笑话他痴傻。裴航苦苦求索，几经周折，终有一日访得玉杵臼的主人汴老，老人家出高价要二百贯钱，要知道长庆年间正一品大员的月薪也不过十二贯。求宝心切的裴航四处筹资，毫不犹豫地买下了玉杵臼，终于在百日之期内娶云英为妻，从此过着神仙眷侣般的日子。

若能与卢氏再续前缘，纵使千金散尽又何妨！纳兰不甘心卢氏这样离去，他期盼着他们的再次相会，哪怕只是见一面无言地相望也好。

听人说，乘木筏到海的尽头便是牛郎与织女居住的地方。他们在那里男耕女织，还有凡人曾见过牛郎在天河边放牛。“若容相访饮牛津”，纳兰给自己做了一个不切实际的假设。假如真有这样一处水草丰盛之地，他愿意放下尊贵的身份，从此不问世事，守护着他的妻儿，无论今生贫穷还是富有。

纳兰用漫长的人生交换卢氏的再生，这算不算因为爱一个人便低到尘埃？只是深情的假设与交换更衬托了真相的残酷。而真相大多让人痛得更加清醒。

比之清醒的痛，纳兰更应该醉倒在一片浑浑噩噩中。让那些逼真的记忆被无情无爱的死别一点点啃噬殆尽，让遗忘成为今生的救赎。

一片伤心画不成

爱是一种约定，这一生，我们会遇见无数的人，但又能与几人有约呢？纳兰于茫茫人海中，与表妹定情，可惜天不如人愿，表妹进宫侍奉帝王，与他今生无缘。就在他心思恍惚之际，他又遇到了卢氏。本以为，这将是他情系一生的女子，怎料到，属于他的幸福，依然那么短暂。

卢氏的离去对纳兰的打击很大，在很长的一段时间里，他无法摆脱挚爱逝去的阴影。世上有这样一种人，他们天生就是悲剧家，纵使命运把名誉、才华、地位、财富都赋予他们，这些令旁人羡煞的宠儿也终究会走上一条孤独的路。

纳兰有着出众的才华，令人艳羡的身世地位，纵使遭遇了妻亡的变故，在常人看来也不至于黯然至此。但事实上，卢氏的去世或许只是一条引线而已，悲剧化的命运就像他身体里的血液，一生常伴，至死方休。

残灯风灭炉烟冷，相伴惟孤影。判教狼藉醉清尊，为问世间醒眼是何人。

难逢易散花间酒，饮罢空搔首。闲愁总付醉来眠，只恐醒时依旧到尊前。

——虞美人

残灯被风吹灭，炉子里的烟火也冷清下来，与纳兰相伴的只有他自己孤独的身影。从古至今，文坛从不乏借酒消愁的落寞人、羁旅客，纳兰也不能免俗，“判教狼藉醉清尊，为问世间醒眼是何人”。

即使古今无数人重复着“酒冲淡愁”的行为，但酒从来都不是“消愁”的良药。飘逸洒脱如诗仙李白也只能登楼长叹：“抽刀断水水更流，举杯消愁愁更愁。”明代李开先在《后冈陈提学传》里也提到：“只恁以酒浇愁，愁不能遣，而且日增。”所以，纳兰的几盏苦酒下肚，酩酊大醉后也只能逃避一时，再醒来还是要独自一人面对现实。

现实中的世界是怎样的？聚少离多、难逢易散。

纵使世间的喧闹鼎沸如同《红楼梦》前几个章回中的贾府，但繁华落幕后只剩下无边无际的荒凉感，僧道二人挟宝玉而去，只剩下“白茫茫一片旷野”，贾政还欲前走，前面却并无一人。苍茫茫一片大雪，遮蔽了短暂的欢愉，徒留巨大的悲伤。

纳兰容若的心里也有这样一片大雪吧！

身处繁华却盼清净、夫妻情深却阴阳两隔，纳兰词中“悼亡之吟不少，知己之恨尤深”，确实是他发自内心的。因为看他一生，似乎总是处于伤离别的状态之中。

上天对于纳兰的戏弄，似乎永无终结。每每在纳兰攀上幸福巅峰的时候，总会重新跌入绝望的谷底。

每每夜深人静之时，便是思念最为浓烈之时，如果你还爱我，能否告诉我，如何才能够将你彻底忘记，这样我也就不会再悲伤。

纳兰在与思念卢氏的角力中，屡屡败了下去，他不得不承认，自己对卢氏的感情，早已深入骨髓，化成血液，无法割舍了。

这就是自己的宿命，无法逃脱。

银床淅沥青梧老，屧粉秋蛩扫。采香行处蹙连钱，拾得翠翘何恨不能言。

回廊一寸相思地，落月成孤倚。背灯和月就花阴，已是十年踪迹十年心。

——虞美人

“银床”并不是指银饰的床，而是指井栏，这里用“银”来修饰井栏，并不是夸张的写法，而是有典故可循。《乐府诗集·舞曲歌辞三·淮南王篇》在记载淮南王的奢华时有这样的句子：“后园凿井银作床，金瓶素绠汲寒浆。”意思是淮南王在后园凿井，不仅井栏是银的，甚至连打水的瓶子都是金子做的。从这以后，人们在写到井栏时，多用“银床”或“玉床”指代。例如，李白的“梧桐落金井，一叶飞银床”，李商隐的“不收金弹抛林外，却惜银床在井头”。

这个家里，卢氏的影子无处不在，她睡过的床，走过的路，抚摸过的花朵，还有她遗失在草丛间的翠翘玉簪。这些无时无刻不在提醒着纳兰对卢氏的爱与思念。

可是，再思念又能如何呢？阴阳相隔，生死离别。这恐怕是人世间最悲伤的爱情故事。作为男主角，纳兰深知伊人的芳踪已失，再也唤不回来了。

尾句“背灯和月就花阴，已是十年踪迹十年心”，点明全词的主旨。而今，天上明月依旧，地上却已物是人非，转眼间已过了十年光景，那被柔软如水的月华所包裹的，再也不是昔日相依相偎的恋人了。

能够携手看山看水的人不多，我们曾约好一起走过这风雨几十年，而今，我依然在路上踟蹰，而你，却不在。但我们的约定依然不变。我会走下去，直到生命尽头。那时，便可以与你一起，再次携手。

最真的誓言从来都不是说说而已，行动践行的誓言才会亘古不变。

无论爱的人死去多久，无论她的魂魄飘走多远，爱永远是不能忘怀的。

人到情多情转薄

纳兰是甘愿沉醉在对卢氏的思念中长久不醒的。但明珠岂能任凭儿子就这样为一个女人沉沦下去。古人常言："大丈夫何患无妻"，更何况是纳兰这样出类拔萃的大丈夫。

为纳兰续弦的事情已经提上议程，可是纳兰似乎并没有太大的兴趣。人生两次真爱都无疾而终，他怎么还会有心力再去爱人。他自觉，那曾经为爱而生的炽热的心，已经变得没有温度，如同死灰一般无法被点燃了。

但堂堂相府的大公子怎能不娶妻？

在明珠的强行安排下，纳兰奉命续娶官氏，即瓜尔佳氏，图赖之孙，朴尔普之女。官氏温柔贤淑，是大家闺秀，亦为名门之后，明珠很满意。

可是纳兰不动心思。

对于一个从未谋面的女子，他怎么能投注出自己的情感呢？可是父命难违，纳兰一向都听从明珠的安排，这次自然也不例外。

定下婚期后不久，纳兰便迎来了自己的再娶。

成亲之日，贺喜的人几乎要踩破了相府的门槛，人们都觉得这是门当户对的好亲事。在他们看来，能够与这样有权势的家族结亲，真是三世修来的福气。

在那一场婚礼上，所有人都兴高采烈，唯独这场热闹中的主角纳兰，满心悲戚，而且丝毫没有喜悦之感。他不知道在红盖头底下的那个女子会是什么样子，如果自己无法爱上她，今后如何共处？如果自己爱上她，会不会再失去？

不论纳兰做何担忧，他的婚姻生活还是再次展开了。一如纳兰所料，他与官氏虽然相敬如宾，相安无事，但就是缺少了那么一点心动。

每每与官氏独处，纳兰都会想到曾经的卢氏。

不过几载，这个家已经是物是人非了。

风絮飘残已化萍，泥莲刚倩藕丝萦。珍重别拈香一瓣，记前生。

人到情多情转薄，而今真个悔多情。又到断肠回首处，泪偷零。

——山花子

这是纳兰为悼念卢氏所提的词：柳絮飘落水中化为点点浮萍，池中的莲花被藕丝缠绕。分别之时，手中握着一片芳香的花瓣，道声珍重，记取前生。人若太过多情，情就会变得淡薄，如今终于知道这个道理，于是后悔自己太多情。又来到让人断肠的离别之处，无限伤情，泪水也暗自滑落。

这位陪他走过人生青春年华最初阶段的女人，霸道地占有了纳兰的内心深处，那一抹不可被侵犯的领地。

词的上片以物开篇，“风絮飘残已化萍，泥莲刚倩藕丝萦”，这是多么无奈的描述，柳絮随风飘落，池中的荷花确实被莲藕牵绊着。以景喻情，格外伤情。这般景物就如同纳兰与前妻之间的感情，虽然已经是天人永隔，但他们之间的爱情，就像这扯不断的莲藕与荷花，就像飘飞许久不愿落于尘土的柳絮。

有着太多不甘心的纳兰，不愿意承认这段已经逝去的感情，他写这首词本就是为了悼念妻子，因此在上片结束的时候，他才会写道：“珍重别拈香一瓣，记前生。”可实际上，就连纳兰自己也清楚，唯有忘记，才有重生。记住前生的往事，则永远不能看到日后的阳光。

可是如果能这么轻易就忘记，纳兰也不会如此痛苦了。

续弦官氏对纳兰很好，而且对纳兰的长子富格也很好，这样贤惠的女人，应该是不会去强求什么的。从这首词中可以看出，纳兰对卢氏的情感，并不是轻易什么人能够替代的。就算官氏再好，也永远无法成为卢氏，无法成为纳兰心中的那份念想。

“人到情多情转薄，而今真个悔多情”。他悔当初的多情，如果可以少一分感情，那便是少一分牵挂。也不至于而今时过境迁，依然是“又到断肠回首处，泪偷零。”

看来，纳兰也想重新开始新的生活，重新开始新的感情，忘记旧情。可是往日的美好就如同被施展了魔法的藤条，将他紧紧缚住，让他无法抽身。

多情公子在自己编织的情网中苦苦挣扎，犹如在风中久久飞舞的柳絮，终于支撑不住，掉落池塘，化作浮萍。

九十二歲白石

卷五　高山流水，既知不渝

自有莫逆惺惺惜

康熙十五年（1676），纳兰迎来了自己人生中的一位重要友人——顾贞观。他在纳兰日后的生命中扮演了重要的角色，他是纳兰的第一知己，也是纳兰的良师益友。可惜，现在的人们，大多只读纳兰词，鲜有人知道顾贞观为何人。

顾贞观，清代有名的词人，他是顾宪成曾孙，原名华文，字远平、华峰，号梁汾，明崇祯十年（1637）生，无锡泾皋里（今张泾桥）人。

他幼习经史，尤喜古诗词。在少时就与江南名士交往，在这些名士之中，虽然他年纪最小，但却“飞觞赋诗，才华横溢”。他与当时的陈维崧、朱彝尊并称“词家三绝”. 前人在评清代谁为词家第一时，有人推朱彝尊，也有人推顾贞观，彼此相争不下，可见顾贞观在清代词坛的影响力。

年纪轻轻，便负有盛名，顾贞观无形中养成了年少轻狂、性格乖张的毛病。他虽然满腹才华，处世却不圆滑、不谙官场之道。他时常抨击时事，也会对一些自己感到不满的人语出不屑，这样的性格导致他在官场中饱受排挤，遭受了很多不公的待遇。

清康熙三年（1664），顾贞观被任命为秘书院中书舍人。后来他在康熙五年（1666）时候中举，又被任为国史院典籍，官至内阁中书。做得了官的，未必有才；有才的，未必做得了官，顾贞观便是后者。虽然此时他官至内阁中书，可是放眼看去，他的仕途之路是几多坎坷。

清代官场中人，多是各自结成小团体，或者是奋力结交达贵向上爬。而这些事情都是顾贞观不屑去做的。

很快，他的清高令他付出了代价。

康熙十年（1671），顾贞观受到了同僚的排挤打压。他本来就看不惯官场的尔虞我诈，黑暗倾轧，更担心自己会被卷入到政治斗争中去，遂于1671年的春日落职归里。

赋闲五年之后，顾贞观于康熙十五年（1676）应大学士明珠之聘，为其子纳兰性德授课。明珠本意是想寻得一名有真才实学的名士，为纳兰教授学识。却不料，他此番所为，真是无心栽柳柳成荫，竟为纳兰引荐了一位知己。

顾贞观虽然年长纳兰近二十岁，但他们在诗词鉴赏、世事论道等许多方面上的见解和看法都是相似的。尤其是对于官场时事的种种看法，顾贞观与纳兰更是意见一致。虽然纳兰的仕途比顾贞观的走的要顺，可他内心深处，也不满官场上的许多做法。

纳兰结识顾贞观不久后，二人便惺惺相惜。

在担任纳兰的家庭教师期间，顾贞观还为纳兰引荐了一些朋友，其中有一些著名的文人学者，如朱彝尊、严绳孙、陈维崧等人，纳兰与他们在一起吟咏唱和，好不快活。可以说，顾贞观带给纳兰的不仅是学识和诗词上的长进，更是为纳兰开启了一扇光亮之窗，令纳兰的人生充满了不少阳光。

纳兰对于顾贞观也十分敬重和信任，甚至委托顾贞观将自己的词作结集出版。

委托他人来出版自己的作品，这对古时文人来讲，是件十分慎重的事情，这无异于将自己的全部心血交托出去。纳兰肯将这件事情交付给顾贞观，可见顾贞观在纳兰心中的地位。

顾贞观自然也是竭尽所能，为纳兰出版词集。人生得一知己足矣，能交到这样的忘年交，顾贞观也十分心意满足。

德也狂生耳。偶然间、淄尘京国，乌衣门第。有酒惟浇赵州土，谁会成生此意。不信道、遂成知己。青眼高歌俱未老，向尊前、拭尽英雄泪。君不见，月如水。

共君此夜须沉醉。且由他、蛾眉谣诼，古今同忌。身世悠悠何足问，冷笑置之而已。寻思起、从头翻悔。一日心期千劫在，后身缘、恐结他生里。然诺重，君须记。

——金缕曲·赠梁汾

这首词是纳兰与顾贞观相识不久后的一首题赠之作，表达了诚挚的友情。顾贞观在此词的后记中写道："岁丙辰，容若年二十有二，乃一见即恨识余之晚，阅数日，填此曲为余题照。"

词一开篇，纳兰就写道："德也狂生耳。偶然间、淄尘京国，乌衣门第。"意思是说：我天生痴狂，生长在豪门望族之家，又在京城里供职，这一切实属偶然，并非我刻意追求。在友人面前，纳兰并没有以贵族公子自居，而是自诩"狂生"来打消友人的顾虑，使其不至于因为身份、地位上的悬殊而不敢接近自己。而且纳兰还用"偶然间"三字来表明自己如今所取得的荣华富贵纯属"偶然"，言外之意是希望出身寒门的顾贞观能够理解他，以常人对待他。

纳兰为人谦和，丝毫不端贵公子的架子，这在当时的文人圈内，是出了名的。纳兰一直是礼贤下士，喜好交友的。他一心想结交到人生中真正的朋友，可惜一直未能如愿。可能是因为他的家世背景实在好过旁人百倍，很多人因存着门第高低贵贱之分的心理，就算真的想和纳兰结交，也会碍于自身身份低贱，不愿高攀。

所以，纳兰在友情方面一直是处于空白的，他的孤寂不言而喻。正当容若深感知音难觅时，不曾想竟然遇到了顾贞观。这好像是上天馈赠他的礼物，纳兰倍加珍惜与顾贞观之间的情意。

虽然，顾贞观身份低微，可真情实意和门第身份是毫无关系的。在这首词中，纳兰自嘲道“身世悠悠何足问，冷笑置之而已”。他认为，在这个污浊的社会中，自己的显贵身份完全不值得一提，只要冷笑置之即可。

一日为师，终身为父。在纳兰的有生之年，顾贞观始终与他保持着亦师亦友的亲密友谊。在许多词作中，他都提到自己与顾贞观之间的友谊，他也曾对天起誓，与顾贞观心期相许，成为知己；即使横遭千劫，情谊也会长存；即便到了来生，他们也还有交契的因缘。

得到纳兰这样的知己兄弟，顾贞观也很珍惜。相传，纳兰去世之后，顾贞观十分悲痛，他日日思念纳兰，祈求上苍，能够再让他们相见。

一日，顾贞观回到故里，梦到了纳兰对自己说：“文章知己，念不去怀。泡影石光，愿寻息壤。”当天夜里，其子就生了个儿子，顾贞观仔细观摩，发现这个婴孩和纳兰长得一模一样，他知道是自己的真心感动了上苍，纳兰再世了，他十分高兴。

可是好景不长，一个月之后，他又梦到了纳兰与自己告别，醒来之后，下人告知他，孩子夭折，刚刚离世。

虽然这只是一段没有考证的传说，但已足以说明了两人之间的友情，多么的深厚不渝。

一唱三叹秋水轩

纳兰一生爱才好客，他以平原君自许，喜交天下的朋友，尤其喜欢结交文人名士。当时，清朝入主中原，满族文化与汉族文化摩擦碰撞，作为满人的纳兰却喜爱汉族文化，诗词了得，文学造诣颇高。在这方面，许多汉人也对纳兰颇为敬佩。

在纳兰所结交的友人中，大多数人的年龄都要比他长个一二十岁。吴园次年长他三十五岁，严荪友年长他三十一岁，陈其年年长他二十九岁，就连最与纳兰亲近的顾贞观，也年长他十八岁。

这些明朝遗民，对清朝的统治有着很深的成见，但他们唯独对纳兰，有着推心置腹的情谊。最主要的一层原因，可能就是他们被纳兰的真心所打动，纳兰怜才好客的举动，皆是出自一番真诚之意，毫无矫揉造作之感。

纳兰对朋友，一心一意，披肝沥胆，不论他的朋友出身如何，身份如何，纳兰都是真心相待。朋友一旦有事情，纳兰自然是肝脑涂地，也要解救朋友于危难之中。他对朋友的这番情意，自然也让他的朋友铭记于心。

在纳兰与顾贞观互相引为知己后，顾贞观为纳兰介绍了不少自己的文坛好友，纳兰与他们也是相交不错。闲暇之日，便会一起把酒饮欢，畅谈诗词。彼此之间会相互题词赠送，表达心意。

纳兰一生，赠与顾贞观的作品甚多，下面这首《金缕梅》开篇小引中一个“再赠”，说明了二人间亲密融洽的关系。

在当时，《金缕曲》这个曲牌很流行，纳兰自己也多次使用，不过这一篇与众不同，它是“用秋水轩旧韵”。

酒涴青衫卷，尽从前、风流京兆，闲情未遣。江左知名今廿载，枯树泪痕休泫。摇落尽、玉蛾金茧。多少殷勤红叶句，御沟深、不似天河浅。空省识，画图展。

高才自古难通显。枉教他、堵墙落笔，凌云书扁。入洛游梁重到处，骇看村庄吠犬。独憔悴、斯人不免。衮衮门前题凤客，竟居然、润色朝家典。凭触忌，舌难剪。

——金缕曲

关于秋水轩旧韵出处，必须追溯到明末清初的一次文坛活动。

秋水轩本是明末孙承泽的别墅，位于京城西南隅，有江湖旷朗之胜。清初周亮工之子周在浚居京，孙氏借了这所别墅给他下榻。后康熙十年（1671）秋，周在浚做了一回东道主，主持了一个大型的诗词唱和活动，在当时的词坛影响很大。

参加这次活动的大概有二十余家，由曹尔堪开题首唱，填了一首《贺新郎》，然后，龚鼎孳积极做出响应，他先后填词23首，后来被收录进了《定山堂集》，在当时的那场活动中，可以说是大手笔了。

当然，这词并非是随便提的。在周在浚的主持下，当时所有的词都要遵循一个规则，那就是都以“卷”字韵起，以“剪”字韵止。

后来，在这次活动中，所写的词被编辑，收录进了词集中，名为《秋水轩倡和词》。当时影响所及宽广，大江南北的人都会找到这本词集来翻看。然后争相竞填此调，互相赠阅。

纳兰这首《金缕梅》就是用其韵写成。

他用秋水轩旧韵，无非就是想表达自己的心志，借以安慰顾贞观：一杯浊酒，泪湿青衫，从前在京兆的秋水轩唱和的风雅之事，闲情尚未排遣。你的名声在江南已经有二十多年了，却仍像庾信那样伤感流泪。你的才华如同白雪盈满天空，烟火灿烂散落。只是在朝为官比登天还难，朝廷对于人才并不是真的重用，所以才华难以施展，枉费了你的旷世才华。

纳兰是知道顾贞观有才华的。庾信是文坛宗师类的人物，杜甫说他“庾信文章老更成，凌云健笔意纵横”。纳兰以庾信比梁汾，可见对其评价之高。

他也明白顾贞观隐退来做他的老师并非本意。像顾贞观这样的人，心比天高，他势必是想在天地间有一番作为的，可是天性使然，像他这样刚直不阿的性子，如何能适应得了官场的随波逐流？

看到自己的老师一腔热血，却报国无门，纳兰也是满心愤懑：仕途坎坷，志向难酬，于是难免斯人憔悴。才华卓越，横空出世的风流人物居然只能为朝廷粉饰太平，怎不叫人愤懑。

顾贞观之所以能够和纳兰心心相印，就是源于他们对现实有着共同的认知，纳兰明白老师的苦楚，正如李渔在《赠顾梁汾典籍》一诗中说：“镊髭未肯弃长安，羡尔芳容忽解官；名重自应离重任，才高那得至高官。”

不是不肯为官，而是迫不得已。虽然挂冠而去，但顾贞观骨子里的热忱还是在的。他与纳兰在一起，二人点评时政，多处意见都很契合，这也更让纳兰加深了对自己这位老师的敬重之情。

他推心置腹地告诉老师“兖兖门前题凤客，竟居然、润色朝家典”，你这样有真本事的人，去做官也不会给你施展抱负的机会，不过是让你给朝廷装点门面罢了。“题凤客”指嵇康，又是一位古时著名的风流多才的人物。

一比梁汾是庾信，二比梁汾是嵇康，顾贞观在纳兰心中的地位可见一斑。

清朝时期，对文化的控制很严格，哪个人要是说了或者写了对朝政不满的话，要是被人发现，告发上去，很有可能就会掉脑袋。纳兰虽然贵为相府公子，但他公然写词同情顾贞观，针砭时政，一旦被不怀好意的人举报，他也很有可能无法逃脱干系。

这些风险，他不是不明白，不过他“凭触忌，舌难剪”。纳兰这牢骚，为顾贞观而发，也是为自己而发——“润色朝家典”的“题凤客”何其多！

纳兰自己就是其中之一。

草庵重逢须尽醉

忍草庵，位于无锡惠山第一峰东南的章家坞，这里山势陡峭，两侧悬崖峭壁令人望而生畏。在峭壁之间，有一处平坡，忍草庵就居于其中。

说起忍草庵的来历，还要提到明嘉靖二十二年（1543）的一名僧人。他乱世时在这里搭建了一间茅屋，他在茅屋下打坐参禅，久而久之，渐渐为他人所知，便纷纷前来拜访。后来，蜀僧道林前来将这简陋的茅屋扩建，建成了一件庵宇，取名“草庵”。这就是忍草庵最初的名字。

时光荏苒，转眼又到了万历末年，无锡僧人德洪募捐了一些钱财，全部用于修建“草庵”。他建了佛殿三间，前往“草庵”的善男信女更多了。到天启年间，僧人洪恩云游四海，弘扬佛法，当他来到“草庵”，见到此情此景，十分赞赏。

可是，他觉得“草庵”之名，有点不妥，便根据唐代诗人宋之问的《游法华寺》“晨行踏忍草，夜诵得灵花”

之句，为“草庵”又加了一个“忍”字，名忍草庵。

从此，忍草庵便在惠山安静地坐落着。

一代一代的僧人在这里供奉佛祖，讲禅布道，随着朝代的更替变迁，这里却始终是一派安静无尘，远离喧嚣的模样。

清康熙年间，因为僧人的一次不小心，忍草庵遭受大火焚烧，房舍受到了严重的损毁。顾贞观不忍这间草庵就此湮灭，便集资修葺，恢复了忍草庵的原貌。后在康熙二十年（1681）秋，四十四岁的顾贞观痛失亲人，他的母亲辞世，未能与他见上最后一面。悲痛之余，顾贞观南归故里，回无锡替母守孝。

在他回归故里的第三个年头，也就是康熙二十三年（1684）秋，他于惠山端文公（顾宪成）祠，构‘积书岩’于芙蓉亭遗址之侧，读书赏景，倒也是别有一番隐居之乐趣。

当年十月，纳兰随康熙南巡，来到无锡。

南巡的这一路上，纳兰的心思早已飞到了无锡，想到即将要和久未见面的友人相会，内心掩不住的是阵阵的悸动。

见到了梁溪，就知无锡宝地已抵达，环顾四周，江南水乡果真像是倪瓒的山水画一般，浓淡动静，结合得天衣无缝，高傲隐逸的气概，也的确像是再见好友一般亲切。行走此间，见泉石之上所作之诗，题字都是好友的笔迹，纳兰此时悲喜交加——故友难遇一回，如今竟以这种方式再聚，似在梦游！

纳兰第一要紧的事便是来到顾贞观家中，拜访这位久不能见面的好友，二人京城一别，自然是有许多知心的话要说。

可是在眼下这山水之间，竟一时也无从说起。躲避开了城市繁华的热闹、喧嚣，二人夜登贯华阁，想促膝长谈。

贯华阁是忍草庵中一处景色，它耸立于半山之间，和清泉松木相互掩映，别有景色趣，远远望去，宛如仙境的亭台楼阁。在这样的地方叙旧闲谈，真是雅事一桩。

久未能与友人畅谈交心，眼下，却在这样一处美不胜收的名胜之地。对面就坐着自己朝思暮想的好友，这让纳兰有点心神恍惚，觉得自己仿佛身处梦境。

江南好，真个到梁溪。一幅云林高士画，数行泉石故人题。还似梦游非。

——忆江南

纳兰惊道：真个到梁溪！故人的故乡就如同自己的故乡一般，看着如此的亲切，但自己真的是到了梁溪了吗？这一切都是真的吗？纳兰不断地质问自己，他还不敢相信这一切的真实性。

纳兰生于名门身份显贵，却是个温婉谦和之人。官场中不显棱角，却是“冠盖满京华，斯人独憔悴”，连连感叹知己难求，倍感无奈。后来，遇到了顾贞观，纳兰才有了知己。但纳兰与顾贞观二人因了地域、地位的关系，总是离多聚少，难以会面。

顾贞观生性风流倜傥，洒脱淡泊，广交朋友，恣意享受人生。而纳兰却要在官场上忙忙碌碌，尽到自己的侍卫之责，少有享受生活闲暇的时间。所以，每每二人互道离分，纳兰都忍不住伤怀一阵，宫中都是为功名利禄争夺之人，少有志趣相投的知己，能坐下饮酒填词，好好地谈天说地一番，平日里甚是寂寥。而这敏感细腻的词人之心，是那样希望与投缘的友人诉诉衷肠，聊聊心事。

在一定程度上，顾贞观应该是纳兰那痛断柔肠的心事中，一个坚定的支柱。

这般平淡如水却细水长流的君子之交，让纳兰如何能不想念。而今，好不容易到了江南又见梁溪，现在还和好友面对面地坐在一起，纳兰的心中，顿时泛起了无限的感激之情，自己在有生之年，还能够享受到这样幸福的时刻。

对于这次的会面，顾贞观也是格外珍惜的，在《顾梁汾先生诗词集》的第八卷，就收录了顾贞观记录这次会面的一阕词：

倚楼清啸，休重问，烟阁云台何物。总似矾头黄鹤影，瞥眼横过石壁。百战孙曹，一篇崔李，数点鸿泥雪。只应沉醉，傲他千古人杰。

谁道兰蕙多情，一般芳草渡，萋萋争发。别有凭阑无限意，不受潮痕磨灭。万里空明，年时曾照取，镜中颜发。等闲孤负，第三层上风月。

——大江东去

在这首词后，顾贞观还特别加注了一段跋语，来记录自己和纳兰在这亭台阁楼之上，对月畅谈的事情：“呜呼，容若已矣，余何忍复拈长短句乎？是日狂醉，忆桑榆墅有三层小楼，容若与余昔年乘月去梯，中夜对谈处也。因寓此调，落句及之。”

触及到友人身上带着的水汽，闻到友人指尖流淌的清香。就在这里，那样的水汽弥漫那样的清甜，在这梁溪边上，如此缭绕周遭。

对故友的怀念和深厚情谊，都是让人心里安定的。

绝塞生还吴季子

人若没有知己，是多么孤独的事情。管仲没有理解他的鲍叔牙，不过是个人们眼中贪小利的小人；俞伯牙没有懂他的钟子期，一曲《高山流水》奏与谁听？恐怕也只能归与高山流水。纳兰性德有了顾贞观（梁汾），才觉得人生无憾。一句“知我者，梁汾耳”，说不尽的踏实与欣慰。人生得一知己足矣！

有些事情，是只有知己才能懂的。讲给不相干的人听，徒增烦扰。

传说孔门一个弟子在扫地，来了位客人问：“一年有几个季节？”这位弟子想，我已经跟随老师学习了这么多年，这么简单的问题还回答不出来？他大声说：“四个季节！春、夏、秋、冬。”

客人说：“明明三个季节，春、夏、秋！”弟子想，这不找事吗？客人也很生气，于是俩人一起去找孔子评理。没想到孔子说："一年是三个季节，春、夏、秋。"客人开心地走了，学生蒙了。孔子说："你没看到这个客人一身翠绿？他是蝈蝈变的，春生秋死，没见过冬天。你跟他讲一年有四季，讲得清楚吗？"

纳兰性德是富家子弟，多义气，多抱负，内心多烦忧，一般人是理解不了他的。与旁人讲他的烦心事，无异于给"三季人"讲冬天的故事，说的人烦心，听的人郁闷。还好他有顾贞观，所思所想所烦所忧都可以说给顾贞观听。

当然，顾贞观有什么烦恼的事情，纳兰也会竭尽所能去帮助他的。一日，纳兰读到了顾贞观所写的《金缕曲》，大受感动，为世间还能有这样的情谊而动容。

季子平安否？便归来，平生万事，那堪回首。行路悠悠谁慰藉？母老家贫子幼。记不起、从前杯酒。魑魅择人应见惯，总输他、覆雨翻云手。冰与雪，周旋久。

泪痕莫滴牛衣透，数天涯、依然骨肉，几家能够？比似红颜多命薄，更不如今还有。只绝塞、苦寒难受。廿载包胥承一诺，盼乌头，马角终相救。置此札，君怀袖。

我亦飘零久，十年来，深恩负尽，死生师友。宿昔齐名非忝窃，只看杜陵穷瘦。曾不减、夜郎僝僽。薄命长辞知己别，问人生、到此凄凉否？千万恨，为君剖。

兄生辛未我丁丑，共些事、冰霜摧折，早衰蒲柳。词赋从今须少作，留取心魂相守。但愿得、河清人寿。归日急翻行戍稿，把空名，料理传身后。言不尽，观顿首。

顾贞观这是在为自己的好友吴兆骞哀鸣，吴兆骞，字汉槎，号季子，江苏吴江（今江苏省吴江市）人。他年少有才，7岁读书，9岁便能写出数千字的《胆赋》，也是一个不拘礼法、性情狂放之人。据清人笔记记载：“为人简傲自负，不拘理法，不谐与俗，故乡里忌之者众。”吴兆骞之所以和顾贞观有深交，是因为早年他们都是“慎交社”的重要人物。由于常常参加大型的诗词唱和活动，在这些活动中，吴兆骞的才名被众所熟知，大家都佩服他的才学，时人把他和陈其年、彭师度并称为“江左三凤”。

年纪轻轻便名声大振，踌躇满志的吴兆骞自觉人生一片坦途，光明万丈。他前往京城，参加科举考试，期望能够一朝高中，光宗耀祖。可是世事难料，这一次的科考，不但没能为这位江南才子带来他想要的东西，反而将他推进了苦难的深渊。

顺治十四年（1657），吴兆骞乡试中举。这本是一件喜事，却最终变为悲事。吴兆骞中举不久之后，就发生了震惊朝廷内外的“南闱科场案”，对于科场舞弊，朝廷一向是不手软的，当时的主考官被处死，还牵连出了一大批考生。

本来这其中并无吴兆骞的事情，可是因为吴兆骞平日里口无遮拦，得罪了不少人，于是便被人故意陷害，说他与这次的案件有牵连。吴兆骞当即便被投入狱中，申冤无门。所幸的是当时负责这起案件的官员，最终没能找到吴兆骞与此案有关的证据，便定出结论为“审无情弊”。但吴兆骞并未因此免罪，而是被发配到极寒之地宁古塔。

宁古塔长年冰雪覆盖，生活条件很是恶劣。吴兆骞一介书生，去到那里自然是饱受苦难。作为他的好友，顾贞观看到吴兆骞平白无故遭受如此无妄之灾，很是着急。他四处找人帮忙疏通，但效果都不大。

眼看吴兆骞在苦寒之地，一日日受苦，自己却无能为力，顾贞观心中自然不好受，便写下了这两阕《金缕曲》，抒发内心苦闷。可巧，这两首词被纳兰看到，感动至深，顾贞观便借此机会，恳请纳兰协助。

纳兰自然是义不容辞，但他身为朝廷官员，深知要想赦免吴兆骞这件事情，兹事体大，需要从长计议。为了安慰顾贞观，纳兰恳切地说道：“生别之诗，山阳死友之传，得此而三。此事三千六百日中，弟当以身任之，不需兄再嘱之。”

纳兰愿以十年为期来营救吴兆骞，可是顾贞观焦急万分。他道：“人寿几何，请以五载为期。”纳兰知道好友心急，也只能勉为其难应允下来。为了表明自己营救吴兆骞的决心，纳兰也和了一首《金缕曲》，送给顾贞观，表明心迹。

洒尽无端泪。莫因他、琼楼寂寞，误来人世。信道痴儿多厚福，谁遣偏生明慧。莫更著、浮名相累。仕宦何妨如断梗，只那将、声影供群吠。天欲问，且休矣。

情深我自判憔悴。转丁宁、香怜易爇，玉怜轻碎。羡杀软红尘里客，一味醉生梦死。歌与哭、任猜何意。绝塞生还吴季子，算眼前、此外皆闲事。知我者，梁汾耳。

——金缕曲

仕宦不利，命多乖舛，未得朝廷重用，错来人世一遭。终于相信了痴儿多厚福的说法，可是老天为何还要生出那么聪明的人来呢。不要再为世上的浮名所累。仕途为官如同断梗，漂泊无定，本算不得什么，只有那些诬陷和中伤如同群犬吠声，又无法辩诬之事，才是令人悲哀的。还是不要问那么多了！

我这里对你深情思念，以至于形容憔悴，但也心甘情愿。且听我说，香草易于点燃，美玉易于破碎，忠良之士易受侵害。多么羡慕那些醉生梦死的凡夫俗子，他们哪有那么多的烦恼。眼前最重要的事是吴汉槎自边塞宁古塔归来，其他的都是等闲小事，我自倾尽全力！能明白我的人，也只有你顾梁汾了。

词中句句诚恳，纳兰是当真要为营救吴兆骞——这个素昧平生的人——来倾注全力的。他找到自己的父亲，希望父亲能够设法营救吴兆骞南归。后来，在明珠的帮助和影响下，还有纳兰与吴兆骞一些好友集资，凑足了两千两银子的赎款，这才将吴兆骞搭救出来。

在康熙二十年（1681）的七月，吴兆骞接到了还乡诏。

第二年年底，他回到了阔别二十余载的京城。

一回到京城，吴兆骞就前往纳兰寓所拜谢。他在纳兰居所的墙上发现了一行字：顾梁汾为吴汉槎屈膝处。看到好友为了营救自己，不惜给纳兰下跪，吴兆骞不禁放声痛哭，久久不已。

纳兰为营救顾贞观好友吴兆骞之事，后被传为佳话。清代诗人袁枚在其著作《随园诗话》中对此事赞叹道："呜呼，公子能文，良朋爱友，太傅怜才，真一时佳话。"

纳兰性德为人至情至性，对朋友更是肝胆相照，即使是对从来没有见过面的吴兆骞也是全力帮助，不求回报。

在吴兆骞回京之后，纳兰又感其久经风霜，担心他衣食有忧，于是在吴兆骞回京后便聘其为馆师，教授其弟学业。

1684年10月，吴兆骞病故，纳兰性德回京后，亲自为他操办丧事，出资送灵柩回吴江。他对朋友可谓是仁至义尽，有始有终，而“生馆死殡”的侠义行为也被后世传诵为友谊的楷模。

倣李營邱筆法于海上

卷六　渌水唱和，行文会友

此时君亦应思我

“非关癖爱轻模样，冷处偏佳。别有根芽，不是人间富贵花。”纳兰写词，向来是以自然之眼观物的，纯性天然，褪去铅华。纳兰为人，也如同他的词作一般，干净雅致，洗去世俗。

纳兰一生，交友很多，但都是纯粹出自内心的喜恶，没有掺杂丝毫的利益欲望在其中，他所接待的友人，多为寒士，但纳兰从未因他们的出身而摒弃过他们。倒是那些豪门望族，有权有势之辈，纳兰从未刻意去接近过。

在纳兰看来，人生苦短，若能和真心交往的友人共度，定然是美事一桩。所以，纳兰交友，一旦认定，便倾尽肺腑，倾其所有。

也正因如此，许多人慕名而来，想要与纳兰结识。纳兰也是襟怀豁达，凡是能与自己心意相通者，皆被当作上宾对待。

那时，纳兰的居所内有一处池畔园亭，名为渌水亭，亭子周围景色宜人，纳兰性德曾在《渌水亭宴集诗序》中这样描绘有关渌水亭的风景：

予家，象近魁三，天临尺五。墙依绣堞，云影周遭，门俯银塘，烟波混淆漾。蛟潭雾尽，晴分太液池光，鹤渚秋清，翠写景山峰色。云兴霞蔚，芙蓉映碧叶田田，雁宿凫栖，秔稻动香风冉冉。设有乘槎使至，还同河汉之皋，倘闻鼓枻歌来，便是沧浪之澳。若使坐对亭前渌水，俱生泛宅之思，闲观槛外清涟，自动浮家之想。

就在这样堪比仙境的美景之中，纳兰于此读书、写作、会客、交友。渌水亭作为纳兰行文会友的地方，自然也是纳兰生命中不可或缺的重要标志之一。

在渌水亭中，纳兰与众位友人吟诗唱和，把酒言欢。其中，严绳孙就是其中一位。严绳孙，字荪友，一字冬荪，号秋水，自称勾吴严四，江苏无锡人。他的书法和绘画水平上乘，尤其善画楼阁，人物、花鸟，特别善于画凤凰，五色射目，令人叹为观止。

在被征召进京，参加“博学鸿词”科举考试的时候，严绳孙与纳兰相识。虽然严绳孙年长纳兰三十余岁，可两人很快就如同同龄好友一样，时常在一起研习书画，畅谈诗词。

在书画方面，严绳孙是大家，他自然给了纳兰诸多指点。有一段时间，纳兰一直在练习褚遂良的帖子。一日，严绳孙拜访纳兰，恰好看到纳兰临摹的字帖，欣赏片刻之后，严绳孙真诚地告诉纳兰，他已然得了“拨镫法”，纳兰听后很是高兴，可是随即又反问严绳孙：“怎么是‘拨镫法’，应该是‘拨灯法’才对。”

于是，严绳孙就“拨镫法”与“拨灯法”，和纳兰展开了一场关于书法的讨论。讨论到最后，自然是严绳孙说服了纳兰，而纳兰也十分佩服了严绳孙的学识，甘心受教。身为相府公子，无论是地位还是身份，远比自己高出百倍，但纳兰能够虚心受教，而且毫无官架子，这让严绳孙很是感动。

自此之后，他与纳兰的走动也更加密切了。本来按严绳孙的文采和学识，考中应该不成问题。可是已经快到甲子之年的严绳孙，早已看透了清廷只不过是把他这样的文人名士，当作政治工具罢了。

看透世事的严绳孙，并未认真对待这次科考，他只不过随便写了一首诗即托病退场。一心想隐退的严绳孙开始未能如愿，康熙笼络人才心切，随后便以“久知其名”破格擢置二等末，授翰林院检讨，让他参与编修《明史》。

皇帝亲自下令，严绳孙也不敢不从，幸得那时京城还有纳兰作陪，才缓解了些许郁闷之情。任职期间，纳兰曾留严绳孙住自家府邸两年，彼此诗词唱和，“闲语天下事，无所隐讳”。可是，严绳孙终究还是不愿在朝为官，他再度请辞，希望能够回到江南。

这一次，康熙准了他的请愿，严绳孙终于可以如愿以偿回到江南隐居。临行之前，他与纳兰辞别，纳兰虽不舍，可是他也明白人各有志，不能强求。更何况这天下的聚散本就无常，不能执着。

“入辞容若时，（傍）无余人，相与叙平生之聚散，究人事之终始，语有所及，怆然伤怀”。《致纳兰哀词》中的词句，二人之交厚及意气相投由此可见。

人生南北真如梦，但卧金山高处。白波东逝，鸟啼花落，任他日暮。别酒盈觞，一声将息，送君归去。便烟波万顷，半帆残月，几回首，相思苦。

可忆柴门深闭，玉绳低、剪灯夜雨。浮生如此，别多会少，不如莫遇。愁对西轩，荔墙叶暗，黄昏风雨。更那堪几处，金戈铁马，把凄凉助。

——水龙吟·再送荪友南还

严绳孙到底还是回到了江南水乡，在无锡西洋溪藕荡桥畔，继续去过那与世无争的闲适日子了。顾贞观《离亭燕·藕荡莲》自注云：“地近杨湖，暑月香甚，其旁为埽荡营，盖元明间水战处也。荪友往来湖上，因号藕荡渔人。”可以从中看出，严绳孙后半生所过的，是多么惬意、洒脱的日子。

依然留在京城的纳兰，写下这首《水龙吟》赠别友人，之所以写到是再送，是因为在此之前，纳兰还有四首诗词赠别绳孙，故此处说“再送”。

此词起笔不凡，“人生南北真如梦”一句抛出了“人生如梦”这等千古文人常叹之语，紧接着写到归隐之思，令全词的意境显得空远阔大。“白波东逝，鸟啼花落，任他日暮”，白描勾勒出的情景或许是此时，或许是想象：看江水东流，花开花落，莺歌燕语，任凭时光飞逝，是何等惬意。

在这样逍遥洒脱的词境中，纳兰叹道：“别酒盈觞，一声将息，送君归去”，点出了别情。自古送别总是断肠时，古时不比如今，那时的一别或许就是此生再难相见，因而古人或许在面对自己的生死时能做到豁达，却总对离别无可奈何。

填完这首词一月之后，纳兰便溘然长逝了。这次离别之后，两人也真的没有了再次相见的机会。不过，隔着时间的长河，凝聚在词句中这种怆然伤别的深挚友情依旧令人感叹不已。

留君不住从君去

尘世中，有人来，有人去。人心中，有人进，有人出。这都属于平常。但对纳兰来说，每一次离别都是一场情殇。

在旁人看来，或许纳兰显得多了几分执拗的孩子气。可是谁又真的能读懂他内心深处的不舍和孤寂呢?

在纳兰看来，人生本来莫过于一个“情”字，丝丝缕缕，都逃不开情的纠缠。这离殇之苦，在纳兰心中婉曲蔓延，在纳兰笔下生出种种妙处。纳兰是最禁不得离别之苦的，每一次离别，都让他伤入骨髓。

在纳兰的生命中，离别却总是如影随形，令他一而再，再而三地伤到自己。纳兰词中送别主题也占有很大一部分比重。每一次经受离别之后，他总是会写下大量的诗词，聊以慰藉。

提到送别诗，古往今来，数不胜数，我们耳熟能详的“桃花潭水深千尺，不及汪伦送我情”“劝君更尽一杯酒，西出阳关无故人”等均出自那些饱含着深情厚谊的送别赠言。

这一次，纳兰送别的是梁药亭。此人乃“岭南三家”之首梁佩兰，字芝五，药亭是年轻时候自号，晚年改号郁州。梁佩兰与并称岭南三家的另两位——屈大均、陈恭尹都是前朝遗民，他们在当时的名气很大，尤其是梁佩兰，他的诗词一出，总是争相被人们抄传。

虽然梁佩兰文采很好，但他与屈大均、陈恭尹属于完全不同的两类人。屈、陈有着强烈的民族思想，诗书满腹，才华横溢而终生不仕清廷。

可是，梁佩兰则倾半生之力热衷功名。三十年间，他陆续六次赴京会试，均落第，自号漫溪叟。后来，他潜心治学，一时风雅称盛。也就是在此期间，纳兰因慕其名，特修书邀他共同选编宋、元词集，为表诚意，纳兰特意寄信给他，约其北上。

信中云："不知足下乐与我共事否？处此雀喧鸠闹之场，而肯为此冷淡生活，亦韵事也。望之！望之！"看到纳兰诚邀，梁佩兰欣然前往，虽然编书之事未能如愿达成，但应约北上的梁佩兰与纳兰就此结为好友。

在京城期间，梁佩兰还是不忘高中的志向，一直奋发在科考的道路上。其间历尽坎坷，年届六十，才终于在康熙二十七年（1688）科考及第。朝廷任他为知县，他以年老为由并未赴任，后来被选授翰林院庶吉士，他便继续留在京城，写诗词为乐。

次年，梁佩兰以年事已高为托辞，要告老还乡。得到许可后，便告假归里，隐居于广州丛桂坊（今丛桂路附近）。看到身边又一位友人要远离京城，去过属于自己的闲云野鹤般的生活。纳兰除了羡慕，只有难舍。

这是他一直向往，却无法触及的生活。看到身边的友人都能如愿，他也算是间接地实现夙愿了吧。送别梁佩兰的时候，纳兰还是像以往送别其他友人一样，提笔写词，将依依惜别之意，都化在纸上。

一帽征尘，留君不住从君去。片帆何处，南浦沈香雨。

回首风流，紫竹村边住。孤鸿语，三生定许，可是梁鸿侣。

——点绛唇·寄南海梁药亭

此番一别，怕是再见无期。要知道梁佩兰的家乡远在岭南，即广东南海。对于当时的交通条件来说，这期间的距离好比天涯海角。由京城南下广东，一路上该是怎样的跋山涉水，可能要受尽颠沛之苦。因此纳兰感叹“一帽征尘”。不知道年事已高的梁佩兰是否能够经受得住这长途的跋涉。

不过到底是风华正茂，离别虽是依依不舍，却没有太多“断肠人在天涯”的忧思。“留君不住从君去”，一派好男儿志在千里的从容。不似柳三变，手执红板低吟，“执手相看泪眼，竟无语凝噎”。

古有李白叹“孤帆远影碧空尽”，而纳兰也难隐对朋友的关怀，“片帆何处？”自然是梁佩兰那有沉香之名的故里了。词中提到“沈香雨”，这里还得提到一个小典故。相传晋时岭南官员无不贪赃枉法，连号称“廉公”的周清廉也不例外。唯有吴隐之派往岭南后，清正廉洁，造福一方，因此深得百姓爱戴。离去时，老百姓为了感激他纷纷相送礼品，而吴隐之一一婉拒，于元兴三年（404）两袖清风离开广东。

传说归舟在珠江河上行走时，突然间风浪四起，吴隐之急忙查问，但并无收受礼物之人。忽然间，吴夫人想起来手上的沉香扇是百般推辞之下方才收下的一位父老所赠之物。听闻此言，吴隐之马上焚香向天祷告，把沉香扇投入江心，江面立刻风平浪静，江心浮现一座小岛，即现在的沉香浦。

回到故里，梁佩兰结兰湖诗社，遍历名山，与名士文人一起尽情游戏人间。可以说，梁佩兰在晚年期间，将纳兰一生想要追求的生活，享受到了极致。对于纳兰的友情，梁佩兰也是分外珍惜的。纳兰因病去世后，梁佩兰还为其写了一道挽联：“佛说楞伽好，年来自署名。几曾忘夙慧，早已悟他生。”

梁佩兰知道，这个比自己小数十岁的年轻人，更懂得珍惜眼下的生活。因为纳兰从未拥有过自由，所以他比任何人都格外珍惜自由的感觉。纳兰毕生都想淡出官场，不必再羁绊于官场争斗之中，不必处处留心步步为营，终日提心吊胆如履薄冰。

可惜，纳兰最终抱憾而终，裴多菲感慨生命与爱情终不换的自由，康德将自由与上帝比肩，那么纳兰心中的自由又是心香几缕呢？

相投金兰深知心

“家家争唱饮水词，纳兰心事几人知？”顾贞观曾这样形容纳兰一生的境况。纳兰的人生是当时许多人梦寐以求的，帝王身前身后的侍奉，锦衣玉食，这些都是旁人奋斗一生也未必能得到的，纳兰年纪轻轻，便全都拥有了。可以说，他走的是一条同时代知识分子梦想的路。

然而，纳兰并不为此感到欣喜，他反倒觉得这条道路对他是一种拘束，是一种束缚，他总是想要挣脱束缚，自由离去。他渴望的并不是所谓的尊荣，他需要的是一份可以让他自由自在呼吸的空气，一个可以让他真真切切去爱的人，一份真心实意的友谊。

但这些他似乎都得到过，又很快失去了。人生苦楚并非得不到，而是得而复失。这才更让人痛彻心扉。这痛，偏偏让纳兰尽尝。所以，他的许多词中，表达出的意向都是抑郁愁苦、烦闷不得志的。

在纳兰的生命中，迎来送往、来来去去，有过许多过客。他拼命想把这些过客留住，但最终，过客还是从他的生命中淡出，留给他的，只有无休止的回忆。

纳兰的年少好友曹寅，却要让纳兰的这份回忆更加丰满一些。曹寅和纳兰的情谊深厚，不必多说。二人同出于座师徐乾学门下，同为康熙的御前侍卫，还常常在一起交流诗文，是工作和生活中的好朋友。

一日，曹寅将自己的好友张见阳，引荐给纳兰认识。张见阳，字子敏，名纯修，是工部尚书张自德之子，张自德为人文采出众，才艺超群，在父亲的熏陶下，张见阳自幼耳濡目染，也深得真传。尤其是他的画艺，更是登峰造极，为人称道。清代绘画著述《国朝画识》称其："性温厚博雅，画得北苑南宫之沉郁，兼云林之飘淡，尤妙临摹，盖其收藏颇多，故能得前人笔意。书宗晋唐，更善图章。"

和纳兰结交后，张见阳佩服纳兰的才识和为人，而纳兰也赏识张见阳的才能和品性，二人情投意合，结拜为异姓兄弟。

可是好景不长，张见阳接到旨意，要去赴任江华县令。张见阳本是内务府包衣，他进士及第后，就被授予了江华县令之职。人在官场，身不由己，调令一来，张见阳就要动身离去了。

此番一去，便是山水迢迢，想要再见面就难了。于是，纳兰忍下心中不舍，为张见阳写下了这首送别词，纪念他们之间的兄弟情义。

城上清笳城下杵。秋尽离人，此际心偏苦。刀尺又催天又暮，一声吹冷蒹葭浦。

把酒留君君不住。莫被寒云，遮断君行处。行宿黄茅山店路，夕阳村社迎神鼓。

——蝶恋花·散花楼送客

散花楼，单听名字便引得无数遐想。这“天女散花”也是有来历的。据说在维摩诘住处有一位天女，每听到有人说法的时候就会现身，把天花散向众菩萨和佛的大弟子身上。花落到菩萨身上时便都会坠落，但是落到那些大弟子身上时不会掉下来。那些大弟子用神力也不能将花拂去。舍利弗说：此花不如法。就是说存有分别心是不如法，说明大弟子们还有畏惧生离死别之心。等修行完成后，五欲不再有，才能“结习尽者，花不着身”。

“天若有情天亦老”，好友间若无别绪，又何来离愁呢？秋花惨淡的时节，本就易惹人伤感。张见阳此时奔赴千里之外，话别时酒入愁肠，更显凄凉。散花楼上，听得远处胡笳轻唱，城下捣衣声一下接一下单调地重复着，回荡在这清冷的蒹葭浦，在离人的心中挥之不去。

人生聚散各有因，纳兰也只能收拾起离别的心情，在京城替远行的张见阳祈祷平安了。那时的江华并不太平，江华曾一度为吴世璠所占据，清军刚收复江华不久后张见阳即被派去任职。纳兰深知此时的江华战火未息，民生艰难。而且，江华历来是多民族交汇地区，冲突时有发生，张见阳所得并非美差。作为朋友，纳兰自然是万分担心张见阳此行的安危。

但好男儿就当志在四方，不能因为惧怕危险而裹步不前，纳兰在日后与张见阳的通信中，他也是如此的勉励张见阳："古来名士多以百里起家者，愿足下勿薄一官，他日循吏传中，籍君姓名，增我光宠。"

纳兰年轻时也有建功立业的宏图大志，而他囿于皇宫中难以施展拳脚，便将自己的目标寄托于好友。纳兰对张见阳不仅有着殷切的期望，也像兄弟一般深情地关怀着他。他清楚江华时局不稳，有时就会在通信中赋诗安抚张见阳。

这首五律正是他写来慰藉张见阳的："楚国连烽火，深知作吏难。吾怜张仲蔚，临别劝加餐。"纳兰待张见阳就如同至亲一样，张见阳也很牵挂纳兰。

张见阳每每见到为他引荐好友的曹寅，便有说不完的有关纳兰的话题。在纳兰逝后，张见阳每作画一幅，就会在上面题写一阕纳兰性德的词。曹寅看了，深受感动。于是，他在为张见阳《墨兰图》题写的《墨兰歌》中特意点出：“他每画兰，必书容若词。”

折扇郭风花向左，鸾飘凤泊惊婀娜。巡枝数朵叹师承，颠倒离披无不可。潇湘第一岂凡情，别样萧疏墨有声。可怜侧帽楼中客，不在薰炉烟外听。盛年戚戚愁无谓，井华饮处人偏贵。饧桃敢信敌千羊，孤芳果亦空群卉。张公健笔妙一时，散卓屈写幽兰姿。太虚游刃不见纸，万首自跋那兰词。交渝金石真能久，岁寒何必求三友。祇今摆脱松雪肥，奇雅更肖彝斋叟。

这就是曹寅所写的《墨兰歌》，“太虚游刃不见纸，万首自跋那兰词。交渝金石真能久，岁寒何必求三友。”这句就可以看出张见阳与纳兰之间的深厚感情。除了将对纳兰的思念融入画中之外，张见阳还整理了纳兰的遗作，刊刻了《饮水诗词集》使之流传。

几番珍重天涯远

姜宸英，字西溟，号湛园，宁波慈溪人，是一个德才兼备的清代才子。他擅辞章，工书画，气韵幽雅，楷法最佳，名重一时，与严绳孙和朱彝尊合称为“江南三布衣”。姜宸英生性疏放，在文坛上名气很大，可是仕途屡屡不顺，他屡试不第。一直到了康熙三十六年（1697），已经七十岁的他，才考中一甲第三名，得了一个翰林院编修的小官。

此前的岁月，姜宸英一直累举不第，又因为他性格孤傲，所以在暂居京城时，常“举头触讳，动足遭跌”，过得很不如意。但唯一值得庆幸的事，便是在此期间，他结识了好友纳兰。

他们二人相识很早，据姜宸英回忆说：“君年十八九，举礼部，当康熙之癸丑岁。未几也，余与相见于其座主东海阁学士公（徐乾学）邸。”

清康熙十二年（1673），纳兰与姜宸英订交，虽然当时纳兰年仅十九，而姜宸英已经四十六岁了。年龄的差距并未阻隔二人友谊的进展，他们意气相投，过从甚密。当时，姜宸英前往京城参加一场名为“博学鸿词”的考试，但才华横溢的他再次落榜，未被选中。

这次的打击，令姜宸英意志消沉。此时，纳兰正好听闻姜宸英的才情与为人，便主动与之结交。虽然当时，姜宸英是纳兰明珠政敌的门生，常与明珠为忤，也曾经在纳兰的面前痛斥纳兰一家没好人，可是纳兰并不以姜宸英的狂怪为戒，反而欣赏其做人的风范。

在纳兰的真情实意下，姜宸英也渐渐地感受到了纳兰的友谊。他曾在一封信中，表达自己对纳兰的谢意："轸念贫交，施及存殁。使藐然之孤，虽不能尽养于生前，犹得慰所生于地下。"

在康熙十七、十八年（1678、1679）期间，纳兰不顾父亲的反对，留生活困顿的姜宸英居住在自己的府邸，以解其生活之忧。

二人诗词往来，过了一段惬意的生活。

但命运对姜宸英总是那么不公平，上天给了他绝对的才华，却剥夺了他施展的机会，而今，好不容易让姜宸英刚刚寻觅到心灵栖息的港湾，却又迎头给了他一棒重击。

康熙十八年（1679），姜宸英遭母丧。本来事业上毫无起色，而今又逢生母离世，郁郁之情可想而知。而此时身为好友的纳兰将一切都看在眼里。在姜宸英决定南归奔丧之际，纳兰写下这首《潇湘雨》慰勉之。

长安一夜雨，便添了、几分秋色。奈此际萧条，无端又听、渭城风笛。咫尺层城留不住，久相忘、到此偏相忆。依依白露丹枫，渐行渐远，天涯南北。

凄寂。黔娄当日事，总名士、如何消得。只皂帽蹇驴，西风残照，倦游踪迹。廿载江南犹落拓，叹一人、知己终难觅。君须爱酒能诗，鉴湖无恙，一蓑一笠。

——潇湘雨·送西溟归慈溪

一夜凉雨，便添秋色几分。枯草萧疏，层林尽染。这种季节的离别，比柳色青青的春季更多了几分凄凉，几分无奈。

这首词为赠别之作，劝慰与不平并行：京城下了一夜的秋雨，更增添了几分秋色。面对这秋色萧条之际，传来的声声别离曲，更添了离愁别恨。近在咫尺的高城无法将你留住，昔日你我共处时的优游自得之乐，此后便成了令人思念的往事。你将渐行渐远，从此你我天各一方。心中有无限凄凉孤寂。忽然想起当年黔娄的故事，即使是名士风流，又如何承受得了呢？从此两袖清风，浪迹天涯。虽然你二十年来在江南负有盛名，但至今仍以疏狂而落落寡合，难逢知己。别后想必会更加且醉且歌，洒脱不羁，独钓于江湖之上。

纳兰为友人想的落拓但潇洒的人生结局——“君须爱酒能诗，鉴湖无恙，一蓑一笠”，最终却没能实现。纳兰早逝，没能看到姜宸英的结局。在康熙三十八年（1699）姜宸英任副主考官时，他的一个名叫姚观的同乡带着自己的诗文前来向他请教。他看过后十分欣赏，认为此人是难得之才，定能高中。

于是，姜宸英便四处与人说自己有一个文采斐然的同乡，后来在乡试阅卷，他看到一篇试卷写得很好，极像姚观的笔法，便对其他的阅卷官说，这一定是自己同乡的试卷。

后来，揭榜后，姚观果然高中。一些官员便借此大做文章，向皇帝上奏，说姜宸英和另一位主考官李蟠科场舞弊，私定考生。在清朝，对于科场舞弊定罪是极严苛的，大家纷纷传言，姜宸英这次是死罪难逃。

消息传到狱中，姜宸英寝食难安，他想不到自己一生不得志，最后还要落得身首异处的结果。不久，与他一同被捕入狱的李蟠被判处发配边陲充军，姜宸英觉得自己死罪难逃了，便想干脆自己做个了断，还算死得有点志气，于是便在狱中自杀了。

可是他不知道，康熙虽然将他投入监狱，但还是专门在乾清门召见姚观进行面试，康熙发现此人果真才思敏捷，有真才实学，并非是姜宸英徇私枉法，便下令放了他，还派人追回被充军的李蟠。

可惜，圣旨到了狱中时，姜宸英已死。对于此事，康熙不得不惋惜道："老姜全无辣味，小李大有甜头。"

自古英雄多寂寥，姜宸英的一生是悲哀的一生。他成名于江南二十年，徒留世间一狂生名号。老迈之际，还要徒担罪名，最后枉死狱中。

一代才子姜宸英最后留给世间的作品，是写给自己的一副挽联："这回算吃亏受罪，只因入了孔氏牢门，坐冷板凳，作老猢狲，只说是限期弗满，竟挨到头童齿豁，两袖俱空，书呆子何足算也；此去却喜地欢天，必须假得孟婆村道，赏剑树花，观刀山瀑，方可称眼界别开，和这些酒鬼诗魔，一堂常聚，南面王以加之耳。”

当姜宸英写下这副荒诞悲凉的绝笔掷笔而笑的时候，是否想起当年，纳兰为其送别时赠与他的词中，为他设想的山水田园间遨游的人生。

虽然没有耀眼的梦想，但是有着生命静静消隐的余韵，纵使不平、抑郁，依然绵长舒缓，也是一场优美凄清的人生之旅。比起囚笼中一杯毒药后痛断肝胆的挣扎，那泛舟湖上时的叹息简直就是轻快的叹咏了。

早已往生的纳兰若知爱友结局如此，情何以堪？

知卿如我无限情

陈其年，即陈维崧，字其年，号迦陵。出身于讲究气节的文学世家，祖父陈于廷是明末东林党的中坚人物，父亲陈贞慧是当时著名的反对“阉党”的“四公子”之一。苏宜兴人，他少时作文敏捷，词采瑰伟，工诗词文赋，为清初阳羡词派之首，与朱彝尊齐名。曾被名士吴伟业誉为

“江左凤凰”。他的词风格豪迈奔放，兼有清婉雅致，现存《湖海楼词》。

出身于书香仕宦之家，才情享誉天下的陈其年，颇好男风。他与当时一代名优徐紫云的缠绵悱恻之情事，曾使得无数清代士人为之倾倒，陈其年与徐紫云的爱情，成为当时人们心目中的理想爱情标准。

据野史记载，陈其年对徐紫云是一见倾心的，当时正值梅花盛开之际，景色正好，陈其年便与徐紫云日日徘徊于暗香疏影间，过着形影不离的眷侣生活。在此期间，陈其年还为许紫云写下了大量的诗词，表露自己的心意。

其中“独坐待君归未归，不归独坐到天明”“旅愁若少云郎伴，海角寒更倍许长”“检点行装，泪滴珍珠，叠满箱”等等浓浓痴语，无一不透露着陈其年对徐紫云的爱意。虽然之后他们二人分别成亲，娶有妻妾，但来往依然密切。

在徐紫云成亲之日，陈其年还在其洞房花烛夜时写了一首《贺新郎》相赠：“六年孤馆相偎傍。最难忘，红蕤枕畔，泪花轻飏。了尔一生花烛事，宛转妇随夫唱。只我罗衾寒似铁，拥桃笙难得纱窗亮。休为我，再惆怅。”

相思之情跃然纸上，让人为之动容。虽然陈其年有着断袖之癖，但这也丝毫不妨碍人们对他的崇敬之情。

康熙十七年（1679）戊午闰三月二十四日，陈其年还在扬州的时候，一位广东著名诗画僧大汕为他画了小像。同年秋日，他入京应博学鸿词科试，随身携带了这幅画像到了京城。入京之后，京城内有三十多名文人才子为这幅画像题咏，纳兰就是其中之一。

乌丝曲倩红儿谱，萧然半壁惊秋雨。曲罢髻鬟偏，风姿真可怜。

须髯浑似戟，时作簪花剧。背立讶卿卿，知卿无那情。

——菩萨蛮·为陈其年题照

这词的上阕表面上看是容若用裙钗声华打趣陈其年的嗜好，实际上容若却正是以此来体现出陈其年的写作风格，以及影响之大。到底是兰心芳质的男子，文心所至较一般人总高一分。容若剑走偏锋明调趣暗褒扬，将陈其年生平所好，文章风格尽数道来，不矫揉造作，又不乏趣味，像两个相交多年的老友无所顾忌地畅谈打趣，处处直击“要害”，却又点到即止。一份知己之情暗河般缓缓流淌，撞击着人心最柔软的位置。

“乌丝曲倩红儿谱，萧然半壁惊秋雨。”乌丝曲，指顺治十三年（1656）至康熙七年（1668），陈其年居住京城时所填之词，后来结集为《乌丝词》，誉满天下，为人称赏。于是纳兰戏称，自从“乌丝曲倩红儿谱”后，即使陈其年居处“萧然半壁”，那份才华气概，依然是震惊天下的。

“红儿”，指杜红儿，唐代名妓，《全唐诗·罗虬序》：“广明中，罗虬为李孝恭从事。籍中有善歌者杜红儿，虬令之歌，赠以彩。孝恭以红儿为副戎所盼，不令受。虬怒，手刃红儿。既而追其冤，作《比红儿》诗百首为一卷。”此后用红儿泛指歌伎，纳兰戏用“杜红儿”为意象来匹配陈其年的词作，实则是用杜红儿本身气节来暗喻陈其年文风虽然旖旎，却也不乏湖海之气。

此处“萧然”是指陈其年为人素朴，家徒四壁。徐乾学在《陈检讨维崧墓志铭》云：其年“所居在城北，市廛库陋，才容膝，蒲帘上锉，摊柱其中而观之”。亦可引申为震动、轰动之意。

陈其年虽出身大家，但因为父亲反对“阉党”，曾受迫害，家道中落，生活日益困难，明亡之时，陈其年才二十岁，虽然入清后补为诸生，但长期没有官职，一直飘零四方，不能安稳下来。

正因如此，他游食四方，广泛地接触社会面，结交天下朋友，养成了豁达宽容的性格。陈其年长纳兰三十岁，两人虽然年龄相去甚远，却交情至深，乃至忘年。其情之深，本词可见一斑，而也可以看出容若是极其赞赏陈其年这位“老知己”的。

陈其年到底是个什么样的人物，会令纳兰也如此赞赏，其实，在纳兰为陈其年所提的这首词的下阕中，就可以对陈其年窥其一二了。

首先外貌威武雄浑，“须髯浑似戟”，络腮胡子显出一派丈夫豪气。据《清史稿》本传云：“维崧清多髯，海内称陈髯”，可是这男儿气又带了些柔情，是为“时作簪花剧”，人人俱惊讶于你的此番模样，我却知道你此中的无限情怀。“知卿无那情”一语低回，将一片相知相惜的情怀婉转吐露。想来陈其年必也是刚柔相济的性情中人，才得纳兰如此赞赏。这样一个与纳兰容若内在极似之人，也就难怪两人能够跨越三十年的年龄之距，成为忘年交了。

这首词很风趣别致，颇有玩笑打趣之意，表面看来是写陈其年不乏风流旖旎，声华裙屐之好，其实是赞赏陈其年的人格与创作。上阕写陈其年的词由歌儿舞女谱唱，红儿烈性衬托出陈其年文风慷慨中不乏柔媚，且能够震惊世人，轰动半壁河山，但下阕一转“须髯浑似戟，时作簪花剧”，便道出了陈其年集豪迈与绮艳，刚柔并济的性格和作风。故此篇是借题照，借旗亭北里之景，品评、称赞了陈其年其人其作。

人生一世，最要紧的便是敢爱敢恨，纳兰敬佩陈其年的勇气，同时也为自己的懦弱感到惭愧。在与陈其年交往之际，纳兰深深为陈其年身上的果敢和执着所感动着。

皆为俊杰无两才

有一个人对纳兰影响深远，可是并不能算作是纳兰的好友，因为他们之间并未有过任何的交集。他也不是纳兰的老师，他并未亲自传授纳兰什么。但纳兰与他就是有着那么一层剪不断理还乱的渊源。

这个人就是明末的大才子王次回。王次回名彦泓，出身金坛望族，仕宦之家。他的祖上非常荣耀，祖孙三代进士，皆为博学鸿儒，连他的女儿王朗也是著名的词人。与他的祖上相比，王次回的仕途之路一生不得志，仅在晚年做了松江府华亭县训导，不过是个无名无实的小官。然而他的作品上承李义山，下启清初词坛，对近代的鸳鸯蝴蝶派也颇有影响。

纳兰诗词中常见王次回《凝雨集》的踪影。纳兰曾做过一首思念之词，其中就可以依稀看到王次回诗歌的影子。

点滴芭蕉心欲碎，声声催忆当初。欲眠还展旧时书。鸳鸯小字，犹记手生疏。

倦眼乍低缃帙乱，重看一半模糊。幽窗冷雨一灯孤。料应情尽，还道有情无？

——临江仙

纳兰始终对往昔无法释怀，在他心里，那些逝去的情感，永远是他珍藏着的最宝贵的财富。

“忆当初”，短短三字便如一把利剑斩断今生。今生已作永隔，窗外雨声风声入耳，曾有多少夜晚流逝于情意缱绻的呢喃？未来又将有多少不眠的孤夜，唯有旧忆聊以回味？所幸，过去的日子并未消逝于流年，在那发黄的红笺之上仍可略窥一二。

情爱悲欢，这真是人世间最难躲开的情愫。纳兰穷尽一生，也未能逃开这四字的魔咒。在爱而不得的旋涡中，拼命挣扎，他伸出手，想要抓住一丁点可以让他浮出水面，得以呼吸的东西，却始终两手空空。

一如词中所写“点滴芭蕉心欲碎，声声催忆当初”，心欲碎，不知是芭蕉心碎，还是纳兰心碎。“早也潇潇，晚也潇潇”，古往今来的诗词中，芭蕉似总喜欢同雨相伴出现。雨滴蕉叶比兴唱和，急雨嘈嘈，私语切切，诉尽人间相思意。

“鸳鸯小字，犹记手生疏”，怕是纳兰也在怀念握笔浅笑的她吧。此语原出王次回《湘灵》：

戏仿曹娥把笔初，描花手法未生疏。

沉吟欲作鸳鸯字，羞被郎窥不肯书。

王次回的诗歌总是给人情感真挚、香艳流芳的感觉，这可能是因为王次回将写诗当作自己的生命，他总是用华丽词句来化解自己心中的郁结。看似绝艳的句子中，所潜藏的却是无尽的悲伤和痛苦。

这一点，只怕也是纳兰仿效他的原因之一吧。

很多人都知道王次回诗歌了得，纳兰写词绝佳，却很少有人知道，这两个生活在不同朝代的才子，却同样有着自己所不能掌握的悲伤命运。

王次回也如纳兰一般，爱妻早丧，不过凉薄人世一孤伶人。若可以同世而立，纳兰与次回或许也能成惺惺知己吧。

当年的娇俏语长萦耳畔，那副欲语还休的羞涩模样犹在心头，鸳鸯小字里，似可见这位解语花的身姿若隐若现。然而，以为是一生一世的一双人，所托竟几页满蘸相思意的旧时书。南宋蔡伸曾慨叹，“看尽旧时书，洒尽今生泪”。蔡伸是书法家蔡襄之孙，官至左中大夫。名门之后，位高权重又如何？三更夜，霜满窗，月照鸳鸯被，孤人和衣睡。

旧时书一页页翻过，过去的岁月一寸寸在心头回放。缃帙乱，似纳兰的碎心散落冷雨中，再看时已泪眼婆娑。

“胭脂泪，留人醉”，就让眼前这一半清醒一半迷蒙交错，梦中或有那人相偎。

又是一窗冷雨，纳兰看到了半世浮萍随水而逝，如记忆中挥之不去的她，“一宵冷雨葬名花”。还是纳兰身边这盏灯，只是不再高烛红妆，唯有寒月残照，灯影三人。太白对孤灯空长叹，“美人如花隔云端”。故人入梦，又渐行渐远，“是邪？非邪？立而望之，偏何姗姗来迟。”汉武帝为李夫人招魂，灯影明灭处，留得千古一帝不得见的叹息。

一梦似千年，从来是人生长恨水长东。

纵观纳兰词与次回诗，不难发现二人作品的字里行间，都透露着对美好情感的向往和对现实世界的无奈。他们用最情深意切的词句，来抚慰自己创伤累累的心灵。

任凭岁月变迁，世事变更，二人留下的痴念依然留在人间，他们所付出的情深一片始终崭新如昨。对于王次回，纳兰恐怕已经不仅仅是当作研习诗词的前辈来看待了，他们应该算得上是知己。

在各自的时空里，仰望远逝不可回的真情。

卷七　千古兴亡，一念成空

独看沧海化桑田

康熙二十一年（1682），康熙开始了他的第二次东巡之旅。

在中央集权的古代，帝王巡视地方是一项重大的政治活动。天子出巡在尧舜时期就已出现，殷商时期便有了用甲骨文记载的巡守之事。所谓守，是“诸侯为天子守土”，而“巡”通俗地说便是走出去看看。周朝后天子巡守逐渐发展成为一项完善的制度，有着烦琐而复杂的礼仪。

康熙十年（1671）的第一次东巡祭祀了清太宗皇太极的昭陵和清太祖努尔哈赤的福陵，告慰祖先“环宇一统”。如果说第一次东巡是为了完成顺治帝入关后祭祖的心愿，那么康熙第二次东巡则更有深意。

康熙二十一年（1682），正是平三藩后的第二年，康熙一方面东巡“告祖”真正实现了全国统一，另一方面则着手解决了骚扰东北部已久的沙俄入侵。因此，这次东巡不仅祭祀了福、昭二陵，还远行至吉林祭祀埋葬了清朝远祖的永陵，借此视察了松花江水师和造船厂。纳兰作为康熙的近身侍卫，自然要扈从皇帝的出行。这次出行从北京出发，出山海关，渡松花江，历时八十天才返回京城。

自古以来，山海关便被誉为天下第一关。南入渤海，北依燕山，不负山海之盛名。东巡时纳兰曾在这里停留，遍历山海关海天之色。山海关城东门“天下第一关”的匾额高一米五，为明代著名书法家萧显所书。

相传，萧显前后花了三个月时间酝酿，一挥而就完成了这幅千古巨制。而富有传奇色彩的是，匾额上的“一”字不是题字时一起写上去的，而是用蘸满墨汁的笔抛向空中点上去的。

雄浑的山海关藏着别样的柔情。关内的孟姜女庙在这里演绎着家喻户晓的寻夫故事。纳兰在游历孟姜女庙时也不禁留下了感慨。

海色残阳影断霓，寒涛日夜女郎祠。翠钿尘网上蛛丝。

澄海楼高空极目，望夫石在且留题。六王如梦祖龙非。

——浣溪沙·姜女祠

这词因景而起，落日残阳挂在薄薄的西天，余晖映在海面上，贴着涌动的浪涛，成一段虚渺的霓虹。冷冽的潮水不辞疲惫，姜女祠里日日夜夜听闻浪涛拍打礁石的动静。这祠又叫贞女祠，据说是为纪念那痴情哭动长城的孟姜女而建。

孟姜女寻夫的故事被列为中国古代四大爱情传奇之一，在中国可谓家喻户晓。孟姜女千里寻夫，化望夫石，看似柔弱的闺阁女子竟有着化石的执着与宁为玉碎的决绝。孟姜女的故事虽没有被正式记载于史书，只是以民间传说的形式在口头上传承，却流传了千年，越过了秦砖汉瓦，穿过了朝代的更迭。祠外滔滔江水，孤独的孟姜女在这里日日听潮声，看繁华过尽如云烟。正应了门前的那幅楹联：海水朝朝朝朝朝朝朝落；浮云长长长长长长长消。

姜女祠始建于宋代，纳兰看到的姜女祠是经过明朝修复后的。

姜女祠坐落于凤凰山上，庙宇依山砌筑一百零八磴行人石板梯道直通山门。在华夏文明的记录里，“一百零八”这个数字承载了太多的意义。《水浒传》的一百单八将，《封神榜》的一百零八位诸神，北京大钟寺、苏州寒山寺每逢除夕等敲钟一百零八下。这一百零八级石梯，绝不是一个巧合。“扣一百八声者，一岁之意也，盖年有十二月、二十四气、七十二候，正得此数”，明代学者朗瑛在《七修类稿》对一百零八做了如此解释。那我们是不是可以理解为，这庙前的一百零八级台阶象征着孟姜女日日夜夜的守望，望而不见归人，到头来只得岁岁年年的失望。

希望，不知道应该如何评价它。希望，是珍宝，可讽刺的是与战争和疾病一起被装进潘多拉的盒子。那颗不会说话的蓝钻，被命名为“希望”，却在三百多年间带给每一任持有人无一例外的厄运。如果说它是灾难，却每每在危急时焕发出神奇的魔力，上演一幕幕绝处逢生的戏剧。

纳兰在看到这姜女祠时不知是否参透了其中的真谛。海色残阳的光影里，辨不清是阳光给浮云涂了油彩，还是云彩给夕阳披了嫁衣，本就安宁的姜女祠因着隐约的涛声更加静谧。宁静的空间最易让人产生深沉的思想。

就像梭罗把自己流放到瓦尔登湖，远离喧闹的邻居和浓酽的咖啡，一个人践行着自然之子的生活。梭罗说：“来到这片树林是因为想过一种经过省察的生活，去面对人生最本质的问题。”大约也同梭罗一样吧，纳兰需要面对人生，又或许面对的不只是自己的人生。什么是人生的本质？彪炳千古，称王称霸？纳兰有自己的答案，“六王如梦祖龙非”。

所谓六王，是战国时齐、楚、燕、韩、魏、赵六国，加上秦国共称为战国七雄。当年魏国独霸终不敌齐秦两国后来居上，合纵连横的承诺终不敌一统中华的雄心。四十万白骨深埋黄土，长平一战几乎预告了诸侯纷争的结束。如果假装听不到那些地下的哭声，后面的事看起来确实令人兴奋。从此，秦国的国王统一了货币，统一了文字，统一了度量衡，建立起了一个统一的国家，南面称帝，以养四海。

再后来呢？所有的故事，浪漫的忧郁的激昂的落魄的，讲到后来都逃不过生老病死的大结局，“但见三泉下，金棺葬寒灰”。吞八荒并六合盛极一时的始皇帝已安睡在当时还没部分挖掘出来的秦陵，彼时雄震天下的六王如今也不过是一个冷却的梦。我们意气风发地数风流人物，但背后等待的是“风流总被雨打风吹去”。

这词词题为“姜女祠”，写尽壮阔之景，博大之感，但事实并非单纯纪游之作，而是借游此庙发往古之幽思，抒今昔之感，欲抑先扬。纳兰饱读诗书，写词看似直白易懂，实际用典巧妙，句句珠玑，不论写景抒情，都是发自肺腑。忧郁沉敛的骨子里是对历史和现实更加敏感的认知和反思。单就这词，六王如梦祖龙非，思考就甚是凝重。

为修建长城，流的是百姓的血与泪，哭的是百姓的累或亡。战争带来悲剧连连，人们却依旧为改朝换代互相争夺残杀。历史长卷不断翻看，怎目光所及，都是泊于苦痛之中的艰难百姓，叫人怎么忍心再读？

雨打风吹都似此，将军一去谁怜？画图曾见绿阴圆。旧时遗镞地，今日种瓜田。

系马南枝犹在否，萧萧欲下长川。九秋黄叶五更烟。只应摇落尽，不必问当年。

——临江仙·卢龙大树

大树在此应指代将军树。《后汉书·冯异传》中记载东汉光武帝将领并坐在一起比拼军功，只有冯异独自在树下不与争功，得到了“大树将军”的美名。后来将军树便成了建立军功的象征。

这首临江仙中所提到的卢龙在现河北省东北部，地处山海关西南，自古便是连接山海关和京师的要塞。清朝时这里长期有重兵驻守，以拱卫京师和清东陵。飞将军李广曾经驻军卢龙地区。“平明寻白羽，没在石棱中”李将军箭穿石虎的故事就发生在这里。提到李广，我们在感叹他青史英名的同时，也不由得想起那句“李广难封”吧。飞将军未去，卫青就不负众望地成了横刀立马的大将军，君君臣臣之间总是有太多的顾虑和猜忌。漠北一战中，李广任前将军迷失道路，便以一种武士的精神自绝于疆场。

不得志的除了李广还有廉颇。

廉颇一直在等老马嘶风的时代，以一句“尚能饭否”为结语，给他的英雄生涯终于画上了句号。过去征战的沙场，现在已成为百姓安居之所，这是普通人的幸事，却是一代英雄的悲哀。那曾经埋过白骨的大地此时更像一位慈祥的母亲，怀抱着稻谷瓜果，怀抱着普通百姓的平凡的愿望。这一份变化，包含着多少沧海桑田。

当年的系马之处今日青藤蔓蔓，当年和着战马嘶鸣的北风经过了上千年的岁月也老成了一位老婆婆，轻柔地哼唱摇篮曲哄着孩子们入梦。只是入夜时，老婆婆会不会想起年轻时候的往事？多少战功赫赫的将领，来不及转身便永远走向了深沉的夜，留下一串不太稳当的脚印，和一个宽阔却有点直不起来的背影。老之将至，何必说当年？金戈铁马的硝烟散尽，抬眼看，秦时明月依旧。

山重叠，悬崖一线天疑裂。天疑裂，断碑题字，古苔横啮。

风声雷动鸣金铁，阴森潭底蛟龙窟。蛟龙窟，兴亡满眼，旧时明月。

——忆秦娥·龙潭口

康熙二十一年（1682）的东巡远足至吉林。纳兰在这里所写的龙潭口是今吉林市东郊的龙潭山的一处古池，清代时在吉林府伊通州西南。

其实华夏大地上名为龙潭的地方很多，四川、重庆、河南和江西井冈山的龙潭，有的以山色秀美著称，有的以瀑布壮美闻名。由此也可以推断，能号称龙潭之处景观必然奇伟。据说吉林黑龙潭的石色青黑，泉眼深埋于潭底，从裂隙中的暗河涌出。传说东海龙王的第七子就在这里潜居，由此得名“龙潭”，清代还曾在这里敕建黑龙王庙。

这首忆秦娥读起来不仅有豪气，还隐约藏着一股冲冠怒气。山重叠，涧一线，天疑裂。当年岳飞以一曲满江红长叹，世人皆道岳飞所叹不过靖康耻未雪，功名前程尽废。而在纳兰胸中呢？或许还是那句，“莫等闲，白了少年头，空悲切！”

纳兰及第近十年来常伴天子身边，后来更是擢升为康熙身边的侍卫。旁人眼里无上荣宠的生活，在他心里不过是蹉跎一场而已。那些记载着过去的碑文被人们用力地刻在石头上，却难以被人记在心里。人力的造作终不敌自然的造化。所谓功名，所谓权贵，转瞬间便湮灭于青苔之间。

古人常说，云从龙，风从虎。风起云动处，便是龙争虎斗之所。这里的龙潭人称水牢，仿佛水下便锁着蛟龙。蛟龙传说是有鳞的龙，得水便能兴云作雾，其声如牛鸣。忆秦娥上下两片均迭三字，仿佛是纳兰情不自禁叹两声，“蛟龙窟，蛟龙窟”，皇帝自命真龙化身，然而从古至今亡国的哪个又不是真龙天子呢？

千古兴亡，百年悲欢，于寻常人不过顷刻阅过的几页薄纸，有心人则借以追昔叹今。

故园乡梦未曾休

纳兰随康熙的这次出巡经历了真正的北国之春。北国的春天，常常被戏称为春脖子短。寒冬刚过，却依旧有倒春寒来袭，难有江南早春鸟语花香的明媚。纳兰从什刹海的老家一路向北，虽不闻欸乃一声，却也见识到了山海相连的壮阔。然而这与他在京城的富贵乡太不同了。

车马劳顿之苦也让他想起了千里之外的家。

山一程，水一程。身向榆关那畔行，夜深千帐灯。

风一更，雪一更。聒碎乡心梦不成，故园无此声。

——长相思·山一程

“山一程，水一程”，仿佛是亲人送别了一程又一程，山上水边都有亲人的身影，这漫漫长路终究有亲人一直不舍不弃地萦绕心间。

这里说的榆关依渝水得名，其实就是闻名天下的山海关。过去山海关一直被认为是长城的起点，与嘉峪关遥相呼应。康熙帝的这次东巡比十一年前的第一次东巡要盛大许多。

根据当在在清廷的比利时天主教传教士南怀仁所记，

东巡包括皇帝、后妃、皇子亲贵及随员侍从，一行总共约有七万人，在沿途行围还要抽调随围官兵。

一行人马由于使命在身皆是行色匆匆，只全身心的奔赴山海关。“夜深千帐灯”则是康熙帝率众人夜晚宿营，众多帐篷的灯光在漆黑夜幕的反衬下形成独有的壮观场景。

如此庞大的巡守队伍即使临时安营驻扎，“夜深千帐灯”是毫不夸张的。

在没有霓虹灯的年代，纯黑的夜，更像是一个舞台。风吹落，流星舞。地上千帐灯，天上流星落，与繁华对比的是灯火阑珊处的寂寞。

纳兰的寂寞需要留待一个无人的角落，需要自己去舔舐伤口，细细地品尝寂寞的滋味。此刻，帐外风雪大作，连一瞬间的失神也不肯留给他。人群中的热闹往往是孤独的，这一闹惊破了他思乡的情绪。

这个季节的什刹海冰雪已经消融了吧？湖边的虫唱鸟鸣，门外孩童的嬉戏声，夹杂着浅草的笑闹声。忽听“嘭”地一声，纳兰以为那是迎春花开的声音，其实不过是这寒风里的打更声。

用长相思的词牌谱思乡曲，更让这思念加重了几分。如果说思乡也是一种痛，那么入夜酣梦就是一支轻微的麻醉剂，可以暂时麻醉那根与心相连的思乡的神经。但生活总是残忍的，它偏要将人从梦境中清醒过来，生生地扯着这条敏感的神经，让这种不能说的痛钻进心底。

“故园无此声”，纳兰于这小令中题下了一份身在他乡的鉴定书，其实他心里又何尝没有一道逆否命题？此声非故园吧。

独客单衾谁念我，晓来凉雨飕飕。缄书欲寄又还休，个侬憔悴，禁得更添愁。

曾记年年三月病，而今病向深秋。卢龙风景白人头，药炉烟里，支枕听河流。

——临江仙·永平道中

比之物理距离的疏远，精神世界的寂寥更令人难耐。

古人说“海内存知己，天涯若比邻”时有意无意地忽视了沟通的意义，长期缺乏沟通的一对知己终会成为生命中的过客。古埃及的诗人千里迢迢地来到中国，只讲了一句，“一个从来不变的人，变成了另外一个人”。纳兰好似就是这样一个欲语还休的人。凉雨飕飕，引得纳兰的寒疾不请而来。被病痛折磨的纳兰是想寄封家书与最亲近的人一吐为快吧？

可是家书寄出去，不过平添家人的牵挂，于事无补，最后还是自己默默消化了这份思念。本是相互关心的人，以为少给对方增加烦恼便是对他好，殊不知这份假装的冷落要令人更痛上一千倍。

很多时候，人刻意忽略了自己的感受，以想当然的方式对待朋友和亲人，到头来却因多年的疏离与最亲近的人终成陌路。

纳兰说卢龙风景白人头，其实古今中外华发早生者常为多情恼，与帘外风何干？伍子胥一夜白头，心中所念不过一个“愁”字；东坡居士白日寄情沧海，夜阑风静时也长恨此生。景不为人所动，所以景得以长存，如秦时明月汉时关。而人因无情恼怒，因有情感伤，为踌躇于有情与无情的夹缝间而纠结，所以人最易老。纳兰在药炉前能做什么呢？看着袅袅升起的烟雾，听隐约的江水滔滔，眼前浮现的应是小桥流水的家园吧。

寒月悲笳瀚海沙

随王伴驾已经有些日子了，掐指算算，离回京的日子也不远了。又要结束一趟旅程，立于塞外的广袤天地之中，纳兰心生感慨。时日就这样悄无声息地从指缝间溜走，但自己还好像未曾活过一样。

想到自己苍白的人生，纳兰禁不住心生凄惶。心中所想所愿所盼之事，皆未能达成。每日所做的便是鞍前马后的侍奉帝王，仕途上的顺当，不能弥补纳兰心中的缺憾。

他所想要的不是什么荣华富贵。

但眼下，他除了荣华富贵，贫穷得一无所有。

在世人眼中，纳兰是含着金汤匙的贵公子。但在他自己眼中，自己却是一个卑微无助的男人，他的一切都是父亲安排好的，他就像一个提线木偶，按照指令，步步照办，毫无生气可言。

在这静谧无声的夜晚，纳兰偷偷从帐中走出，除了巡逻的士兵的脚步声，四周一片沉寂。在这荒凉的大漠之上，能有什么声响呢？除了灌进耳朵里的风声，别无其他。

下雨了，窸窸窣窣的雨声为这大漠增添了几份诡秘的色彩。睡意全无的纳兰就这样侧耳倾听着雨声。可是这萧萧的夜雨声，就如同愁苦之人拨弄琴瑟的弦声，凄凉震耳，声声敲痛纳兰那颗充满愁思的心，也越发触动了他的情思，让他不自觉地回忆起了他曾经拥有的美好过去。

相思之情此时已如春日的野草一样，迅速疯涨，于是纳兰拿起笔，铺开纸笺，开始给所念之人写信，抒发自己的离愁别绪。

别绪如丝睡不成，那堪孤枕梦边城。因听紫塞三更雨，却忆红楼半夜灯。

书郑重，恨分明，天将愁味酿多情。起来呵手封题处，偏到鸳鸯两字冰。

——于中好

这首词虽是塞上怀远之作，却仍然是相思的主题。首句“别绪如丝睡不成”，直抒胸臆，多情公子此时正在塞上，别后的相思之情让他辗转反侧，夜不能寐，而“那堪孤枕梦边城”则更进一步说明了纳兰的愁思之深。按照正常的理解，“梦边城”应该解释为“梦见边城”，但是联系上下文，我们就知道其应该解释为“梦于边城”。

紫塞，指的是北方边塞，鲍照在《芜城赋》中有“南驰苍梧涨海，北走紫塞雁门”的诗句。长城之下的泥土呈紫色，相传这是因为修筑长城的老百姓一批批全都死在城下，以至于“尸骨相支拄”，百姓的血肉之躯掺和了泥土，恰是紫色，所以边塞就被称紫塞。

在这样的场景中，纳兰却一心只想到了自己爱过的人。

“书郑重，恨分明”，容若在这里化用李商隐的“锦长书郑重，眉细恨分明”，李商隐的那首诗原是一首《无题》：

照梁初有情，出水旧知名。裙衩芙蓉小，钗茸翡翠轻。

锦长书郑重，眉细恨分明。莫近弹棋局，中心最不平。

李商隐当时新婚不久，由于卷入了“牛李党争”，因此在仕途上遭遇了不公正的待遇，新妻子王氏并没有因李商隐在仕途上的不得志而放弃他，而是一直不离不弃，与其患难与共。于是李商隐写下了这首诗。

纳兰在此处截取“书郑重”和“恨分明”二语，可以看出，纳兰也想为自己的妻子写一封家书，报一下平安。可是卢氏已逝，留在家中的官氏并非自己如意中人，这封家书写了，又该寄往何处呢？

“起来呵手封题处，偏到鸳鸯两字冰”，纳兰写完了家书，想要合上信封，为信封签押，但签押到鸳鸯两字时，却发现笔尖被冻住了这是上天给的暗示吗？是不愿纳兰一生得到幸福美满吗？

塞外严寒，此时被冻住的，除了笔尖，还有纳兰的心。

第八章　良辰美景，奈何虚设

明月琼花世无双

真正的江南之行，从扬州起航。

伴康熙游天女闸，泛舟高邮湖上时，纳兰已心醉于江南这片土地。此时的江南，脱去了梅雨季节的阴霾，洗去了盛夏的燥热，满世界纯净安宁的秋。江南之秋不似北京，地上没有细细碎碎的槐花，也少有“倏忽”一声顽皮的鸽哨掠过。

江南，那环绕着城的水，眷恋着水的桥，依偎着桥的绿柳青枝，层层萦绕着迭出一池秋韵。不似澹澹的海水，剪剪夜风便可将一池秋水吹皱，将那浅浅的秋思化开，又有熹微晨光将它抚平。这里没有辉煌的金殿，没有高高的宫墙，因此也少了些许被围困的感觉。

江南好，纳兰眯起眼睛望着眼前的怡红快绿。是啊，江南这片土地滋养了多少闲云野鹤的人物？他们耐不得朝野的那些俗事，耐不得黑白颠倒的盲眼，索性躲进小桥下，阁楼中，从此不问人间春夏与秋冬。

亦如纳兰，在江南的美景下，他选择短暂的遗忘。他那颗跃动的心，也想忘记身上的职责，忘记父亲的嘱托，只以一个诗人的存在让心流浪于江南。然而怎能忘怀？定三藩，收台湾，他和他的姓氏一起经过，步步如履薄冰。而今功成，有多少双眼睛盯着他的一举一动？

初秋的花溆前，纳兰嗫嚅着嘴唇，想说写什么，却终究没有说出口，只疾书几行：

江南好，何处异京华。香散翠帘多在水，绿残红叶胜于花。无事避风沙。

——忆江南

那时的纳兰或许还没有想到，江南这一程竟成终生难忘的回忆。

先于康熙到达扬州时，这里已不复烟花三月，却依旧繁华不减。一路上，那些美丽的诗歌如江南潮湿的水汽，一个劲地钻入纳兰的脑海。明月夜，琼花宴，二十四桥，幼时读过的那些诗字字句句在眼前逐渐变得清晰起来。然而当真的踏上扬州，他又显得有些无所适从。一个人走在扬州陌生的东关街，看到运河两岸陌生的风景，听着不卷舌的陌生的扬州官话，紫禁城里那些得失之事就这样被按了暂停。

江南好，佳丽数维扬。自是琼花偏得月，那应金粉不兼香。谁与话清凉。

——忆江南

夜已深，月过中天。

河的左岸，纳兰立于桥头，在黑夜中低喃；河的右岸，灯火连星汉，不知谁家水调自波光中隐隐飞出。二分明月，扬州的夜值得期待得太多。夜市千灯，照着淮水上徐徐远去的白帆，仿佛人间的忧愁可以顺水飘零。

这么一座柔弱的城，用什么样的音调与底气演绎一场鸿篇巨制的悲歌?

扬州十日，是扬州建城千年也抹不掉的一身血腥。风呼啸，马嘶鸣，刀剑斑驳的光影，最后都化成了屠城十日的血雨腥风。纳兰面对着这么一座文明的城，想象着那么一场野蛮的战争，想象着文明曾怎样被野蛮蹂躏。又或许，文明注定与野蛮相伴，这两种极端的对抗与交融才能谱出动人心魄的绝唱。康熙似也对当年的十日屠城耿耿于怀，不敢深夜造访那夜色中微微呜咽的扬州。然而心中终难抵扬州美景的吸引，于是便在短短半日，如蜻蜓点水般地路过了扬州。

大明寺，被秦少游誉为“淮东第一观”自是不能错过的。山不在高，有仙则名；水不在深，有龙则灵，其别名“栖灵寺”使得蜀冈更蒙上一层神秘的迷雾。纳兰怎能不知大明寺的天下第五泉，怎能不知醉翁长驻的平山堂？它们得到了康熙御赐的“怡情”二字，却难入诗人的青眼。

然而，一走进栖灵寺，他便像走入了一圈历史的轮回。当年隋文帝下令全国建塔三十座供养佛骨，以庆祝他的生辰。而这里的栖灵塔高九层，名震天下，故大明寺又别名栖灵寺。平山堂外，纳兰将目光流连于寺里的一株琼花。

琼花可谓是扬州花。早有快嘴的小二告诉纳兰，当年隋炀帝开凿大运河就是为了到扬州欣赏这无双之花。琼花有“举世无双”之称，欧阳修任太守时在琼花观中曾题下“无双亭”，更是证明了这花坚实的地位。到宋代，仁宗皇帝和孝宗皇帝爱不释手，尝试移栽琼花，但都无法使它成活。大概琼花与扬州，自是不可分离吧。

更神奇的是，那元兵踏上中原的那一年，扬州的琼花忽然集体逝去。

偏偏这琼花，亡国，又讽刺地殉国，稳坐天下无双的盛名，直至今日。

纳兰距离那株琼花树不过几丈，却像隔了几个世纪的时光，看不尽的故事遗留在皱巴巴的树干，似在用唇语讲述几朝几百年的风雨。谁能读懂一株树的文字？纵使这树上刻了兴亡的偈语。

如今，隋朝早已被忘却，宋元的恩怨也已烟消云散。在时光的注视下，有什么不能消融呢？纳兰悲哀地想。

一袭秋风忽至，“砰”地一声，几不可闻地，几片花瓣落在纳兰脚旁，就像一段岁月轻轻的叹息。纳兰再次抿紧双唇，他听到心里的恐慌，他怕最终忘记那些亡国的事，忘记那些无所归依的灵魂。

只要活着的人还活着，那么死去的人就不会死去，凡·高如是说。时空或许真的无法交错，纳兰没有听到，两百多年后西方的田野上那无声的唱叹。纳兰应该也是懂的，若没有那风雨扬州路，又哪来扬州城几千年来一身宠辱不惊的淡定与宁静?

带着这样难以消解的淡淡的思虑，纳兰留给扬州匆匆一瞥，便不再回头。他怕再一眼，便扎进扬州城深沉的目光中。

满眼秋风百事非

离开略有些沉重的扬州，纳兰从国计民生的权衡中暂时走神，揣着诗人的心逃向了镇江。如果说江南是一朵飘香的花，苏杭是层层叠叠娇嫩的花瓣，那镇江则更像守护着花蕾的萼片。镇江，它有一个响亮的名字，如踏浪的赤子，小小年纪便有着英雄的气质，戍守着长江沿岸那一方水土。

十月里的镇江正是金秋，炽热的夏季已经伴着第一场秋雨渐渐淡出。火热的太阳此时更像是画家，给树叶于不经意间镶了浅浅的金边，给空气上一层琥珀色的釉彩，顺手又挑了桂花蜜的淡香。

“镇江，镇江”，纳兰不禁低语。远处微云抹山，那便是镇江？纳兰认识的镇江，还要从一本书说起。那时年幼的他在父亲的书房里偷偷瞧着《三国演义》，恰看到甘露寺刘备招亲的故事时，父亲的呵斥便在耳边炸响，“……小小年纪便不误正业，枉你读书多年，竟不知少不读《三国》，老不读《水浒》……”当周遭归于平静时，被罚在院子里扎马步的纳兰心中还在叹息，周郎也是江东少年英雄，怎想出这等靠女儿家引敌深入的伎俩？早逝的周郎怎知赔了夫人又折兵的事竟成了流传千年的笑柄。年幼的故事纳兰已经快记不清了，但自镇江走出的风流人物值得仰慕。

纳兰心中腾起一种奇妙的感觉，像是历史的叠影，皮影戏似的一幕幕播放。

哪个才是镇江呢？

背山面江的镇江，江防重地的镇江，威严得像一位老者，背着五百多年的故事，眼里闪烁着刀剑的光影——那是帝王与臣子的镇江。带着这些敬畏，纳兰走进了镇江城。镇江城里，那种迷雾中的威严气势在晴日下烟消云散，百姓们早已忘记了建设这座城池的军事意义。

纳兰随着人流，穿过横卧于流水的小桥，漫步在金陵渡古街那光滑的青石路上。老街两侧商铺林立，三五孩童立于街口唱着童谣团团转，“香醋摆不坏，肴肉不当菜。面锅里面煮锅盖”。纳兰不禁莞尔，镇江三怪名扬天下，难怪有“不到长城非好汉，不尝三怪太遗憾”。

然而纳兰终是纳兰，东坡先生笔下“芽姜紫醋炙银鱼”的乐趣他难以体会到——再敏感的人天天面对丰盛的美食都会嗅觉不灵的。

好在，他还有诗人的触角，可以用短短的半日晴好去探访那个稼轩驻守的镇江，米芾刷字的镇江，那个一片冰心在怀的镇江。

来镇江，除了镇江三怪，还有镇江三山不可不看——焦山、北固山和金山。纳兰在到镇江的第二天，便随康熙和皇太后乘船来到了金山寺。纳兰伫立于船头南眺，见百川东赴海，不禁慨叹自己的人生，一旦开始便不再有回头路。

叹息间，船已行至黄天荡。狂风自江面涌起，龙舟上旌旗雷动，如战鼓争鸣，竟似当年激战中的黄天荡。

“怎么回事？”康熙自楼船行至甲板上，看到随行船只的风帆已降下，船工们神色紧张地望向江面。“满挂船篷！”康熙走到纳兰身边，迎风而立，帝王的威严就在这江风中散开。“拿箭来！”话刚落音，几只江豚便浮了上来，鲜红的血迹混在滚滚江水中迅速消失不见了。“皇上神武！”在场的朝臣禁不住高呼，纳兰也未能免俗。

在这一片歌功颂德声中，纳兰偷偷瞄了一眼康熙。此时的康熙不过三十岁，在常人刚刚开始立业的时候，这位千古一帝已在为天下谋福祉。纵是稼轩又如何？只是在角落慨叹“生子当如孙仲谋”。而今康熙经历倒海翻江，经历过万马战犹酣，眼前是他励精图治的万里江山。也只有这样的人，才能在天降狂飙时坦然笑言，“把酒酹滔滔，心潮逐浪高”。

江南好，铁瓮古南徐。立马江山千里目，射蛟风雨百灵趋。北顾更踌躇。

——忆江南

江南好，一片妙高云。砚北峰峦米外史，屏间楼阁李将军，金碧矗斜曛。

——忆江南

刚一下船，迎面扑来的便是金山寺，不过那时还叫龙禅寺。纳兰早就听荪友兄讲过，所谓“焦山山裹寺，金山寺裹山”，果然名不虚传。金山寺依山而建，由山脚向下望去，只见亭台林立却不见山的踪影。

“这金山寺，可是《白蛇传》中的金山寺？”皇太后像是很喜欢这出戏。“正是”，一旁早有大臣指着前面不远处的白龙洞介绍，“而且，听说这洞口可一直通向西湖。传说当年许仙就是从这里穿行至杭州断桥，方才与白娘子相会”。一旁的纳兰也忍不住听得入神。世间会不会有一处神奇的洞府，可以通向奈何桥，与他逝去的妻子再见一面，讲讲那些没来得及说的话，讲讲他积郁于心中的深深的思念与生死相隔的苦痛。

可是人间真的有那么一条路吗？白娘子可以水漫金山，自己呢？纳兰自嘲地笑了，他们已用尽了前世的缘吧。那些红烛下的誓言拴住了心，却拴不住流转的光阴。他知，她知，他们之间的故事甚至可以舍弃言语，纵然斯人不在，也还有一分纯粹的追忆在缄默。

终于到了妙高台，纳兰勉强按捺下去的微凉情绪又不自觉地涌上来。周遭的文臣都道昔日苏轼在此留下了“明月几时有，把酒问青天”的绝唱，成就千古风流事。纳兰心中，另一支曲子已萦绕于耳边：

江水西来接太空，中流突兀鳌宫，

妙高台上一回首，看尽世途风浪。

比之《水调歌头》，赵孟頫的这首小诗犹如无名小溪之于长江，但它在纳兰心中清唱了许久。不需要箫管筝弦的附和，也没有轻歌曼舞的衬托，这首诗如一滴泪，“叮”地一声，轻轻落在纳兰的心上。时间一长，竟凝成一颗琥珀，长在了肉里。

纳兰也学着赵孟頫的模样，在这妙高台上回首一望，看到了长长的随行队伍。他不甘心，再回首，看到的是众人如出一辙的讨好的笑容。

第三次，他没有再回头，立于高处，是看不到归乡路的——更何况，有时他自己也不太清楚，偌大的天下哪里才是他真正的家。

转身时，他瞥见了父亲扫过来的目光，暗含着担忧和警示。纳兰怎能不会意呢？常言道，伴君如伴虎，纵览古今又有谁能躲掉命运的心血来潮？至留云亭，已是金山之行的最后一站。

站在亭中北望固山，南眺长江，“金戈铁马，气吞万里如虎”，康熙也忍不住一时兴起，在留云亭赐字。众人看去，“江天一”三个雄浑有力的大字映入眼帘，却不见下文，只闻得皇帝口中喃喃念道“江天一览，江天一览”。众人心下了然，猜测这怕是皇帝忘了览字怎么写又不好当众问吧。正在为难之际，纳兰突然一撩前襟，下跪高呼“臣今见驾”，康熙听后便顺笔写下了最后一个览字。纳兰顿时长出了一口气，原来繁体字中的览便是由臣、今、见三个单字组成的。只是前三字一气呵成，神贯笔尖，而最后一字因多费了思量显然要细小些。

有惊无险地，纳兰离开了。他与镇江，人和地之间就像那样的两条直线，平行，相交，然后又异面。这座古城的风物映在了他的心里，让人意气风发，又在情愫涌动时在愁肠中扎了千千结。

纳兰忽而觉得自己的心像是一片海市蜃楼，看似风光无限，其实也不过是一片荒芜。

风景依稀似旧年

纳兰被习惯性地称为词人。如果没有他的十首《忆江南》的小令，那么这个定位也是没有错的。然而作于康熙二十三年（1684）的这十首词，短短三百二十个字，合如一部江南组歌，分似一首首清丽的江南小调，轻吟浅唱间已是口齿噙香。

南京是康熙江南之行的最后一站。当年的南京，繁华更盛京都。东吴建业，西晋建康，乃至后世宋齐梁陈，三百多年的兴衰史，在那一片迷雾中升腾出一座渐渐清晰的南京城。帝王眼中，南京钟山龙蟠，石头虎踞，湖泽间漫起帝王之气。然而于纳兰，帝王气他已见得太多。旧时太白曾在金陵感慨，第一句便是“晋家南渡日，此地旧长安”。那么南京，在纳兰心里空间是座什么样的城？

“逛南京像逛古董铺子，到处都有些时代侵蚀的遗痕。”朱自清先生游南京时，曾如此作比。纳兰于金陵城也不过是匆匆的过客，留下了匆匆的笔墨。

江南好，建业旧长安。紫盖忽临双鹢渡，翠华争拥六龙看。雄丽却高寒。

——忆江南

江南好，城阙尚嵯峨。故物陵前惟石马，遗踪陌上有铜驼。玉树夜深歌。

——忆江南

江南好，怀古意谁传。燕子矶头红蓼月，乌衣巷口绿杨烟。风景忆当年。

——忆江南

纳兰，一半是明珠的长子皇帝的侍卫；另一半是怡情山水的诗人。他的双重身份正如白天与黑夜一般相连。白天，他眼中的南京是建业，是旧长安，是权力的核心地；而黑夜中他舒展了神经，南京卸去金碧辉煌的装扮，哼唱着老掉牙的故事静卧于长江之滨。退去华服后，纳兰以诗人的一双眼，在梦与醒交替时，用目光摩挲着这座古老的石头城，用无声的叹息凭吊着那战气与歌声缱绻的金陵。

纳兰说的建业旧长安不是没有道理的。南京与西安分据华夏文明的南北两岸，守望着黄河与长江遥遥相对。南京与西安皆为古都，城外都环有城墙。“城门城门几丈高。三十六丈高，骑白马，带把刀，城门底下走一遭”，这首童谣说的就是南京的城墙。南京，或者说是应天府的城墙多是明代留下的。朱升一席话不仅奠定了明太祖“高筑墙，广积粮，缓称王”的夺权策略，也使得城墙星星点点蜿蜒于大江南北。

作为明太祖钦定的首都，南京城墙的营建法式便成了全国的样板墙——只是有一个地方除外，那便是西安。

追本溯源，西安的城墙恐怕要从六千多年前的母系社会说起。经历了盛唐时期的西安，一颦一笑都散发着都城的自豪感和优越感，它的建筑、工事都成了后代竞相模仿的范本。长安也罢，西安也罢，那不过是一个称谓；正如南京，无论叫作金陵、江宁或是建业，历史上都记载着帝王到此一游的标签——岁月的长河中谁能说自己不是过客？逗留百年与逗留一天，在时间的坐标轴上都是平等的无穷小的微分。

在这条双向延伸的时间轴上，纳兰向前看，紫盖双鹢，翠华六龙，这些数不尽的繁华绮丽晃得人眼花。昔日的南京城，不知有多少帝王将相曾在这片土地上负手而踱？南唐二主李昇李璟，开国的朱元璋，下过西洋的郑和，以及因《倚天屠龙记》而家喻户晓的常遇春和徐达……生前多少英雄事，都化作一方矮矮的坟——天下在这头，而他们早已不知在哪一头。至于那位"亲射虎"的孙郎，那位让对手赞不绝口的孙仲谋，如今竟连一方用以凭吊的石碑都没有留下，只留下一处勉强觅得影子的地名，几个似真似假的故事，顽强地在本地父老口中代代流传。

在这些遗迹面前，纳兰不禁会一声叹息。岁月是真正至高无上的主人，它剥夺了人生的权力，剥夺了历史的真相，甚至剥夺了那些过往的痕迹。它抹去一副灵魂，削去生命的筋和肉，唯余一堆狰狞的白骨，随风散尽。随风而去，曾几何时是世间最豁达的情怀。所谓豁达，也只是执着无果后的放弃。其实放弃又何尝不是解脱？当不能拥有的时候，放弃也许是唯一不让自己痛苦的方式吧。

然而，聪明如斯，执着如斯，哪一代的帝王不期望着永生呢？那些千秋万代的颂歌依旧在纳兰耳边此起彼伏地高唱着。纳兰望向身边的千古一帝，的确能更深地理解"高处不胜寒"之意。他望向脚下的南京城，雄壮也好，瑰丽也罢，美好的景色掩盖不了朝堂上下争斗的险恶，那些热闹的场面终究也遮蔽不住帝王家的无情。

可纳兰，就算年轻的理想已冷却，他能逃向哪里呢？

高处的旋涡中有他的至亲至爱，有他少年时的理想与信仰。这些人世间最平凡最真挚的情感此时竟像无形的紧箍，让他挣脱不得。偶然也有一些时候，他可以作醉客，可以唱吴歌，却难像李太白谪仙般逍遥于尘世之外，长剑斗酒傍身，似白云悠悠于天地间。

而望向时间轴线的另一端，前路是纳兰看不清的一团迷雾，不能被任何一个历史的模型所预测。站在三百多年前的某一天，纳兰或许难以想象后来人的路，但隔江传来的《后庭花》也触动着他的神经。

昔日，陈后主携七尺青丝的张丽华于结绮阁赋诗《玉树后庭花》：

妖姬脸似花含露，玉树流光照后庭；

花开花落不长久，落红满地归寂中！

伴着这一曲终了，南朝陈国也奢华落幕。

只是几百年后的这个夜晚，秦淮两岸的桨声灯影，和着南京城氤氲的水汽，再次拨弄起纳兰心底的兴亡叹。

卷九　半生情缘，千秋绝唱

余生但求梦魂伴

纳兰的人生，在旁人眼中，璀璨耀眼，异常夺目；可是在他自己的眼里，却是一片荒芜，毫无生机。旁人可望而不可即的家世、平坦无阻的仕途大道，以及上天馈赠的满腹才华，都是纳兰头顶褪不去的光环。

可是，他并不为此感到幸福。在纳兰的心中，自始至终，这些都不是最重要的，甚至可以说，是可有可无、他毫不在乎的。他唯一真心想拥有的，就是一份真情真意，一个能够与自己冷暖相依、心意相通的红颜知己。

但上天似乎并不愿让这位清朝贵公子拥有太过如愿的生活。

纳兰的生命里，他爱的人，和爱他的人，都出现过，也曾为他带来希望和快乐。可是这些都是极其短暂的，就好像漆黑夜晚的烟火，倏忽一下，灿烂之后便归于无形。

两小无猜，青梅竹马的表妹；父母之命，媒妁之言下，迎娶的结发妻子，这两名女子都为纳兰干涸的生命注入过清泉。可惜，最终的结局是，一个咫尺天涯，一个阴阳两隔，都无法与纳兰携手到老。

情感的空白，使得纳兰心情郁结。他在给好友张见阳的信中，就曾提到："吾哥所识天风海涛之人，未审可以晤对否？弟胸中块磊，非酒可浇，庶几得慧心人以晤言消之而已。沦落之余，久欲葬身柔乡，不知得如鄙人之愿否耳？"

就在纳兰欲寻一慧心人时，他的另一好友顾贞观将一名江南女子，带进了纳兰的生活。从此，纳兰黯淡的生命里，好像照进了一抹阳光，温暖的光亮，赶走了黑暗，令纳兰生活中的那些寂寞与孤冷都仿佛消失殆尽。

这名与纳兰人生产生交集的江南女子并不简单，她名叫沈宛，字御蝉，江南吴兴（今浙江湖州）人，生于康熙十二年（1673），其父是江南名儒沈一师。沈宛自幼随父研读诗书，经史子集，无一不通。她心思博雅，秀外慧中，是江南闻名的才女。

十八岁的沈宛便已有诗集《选梦词》问世，虽然她的才情不及纳兰，但在那时，也绝对算得上是一枝独秀。纳兰曾拜读过这本诗集，对沈宛的才情极为欣赏。早在顾贞观带沈宛来京之前，纳兰与她就已经虽未相见，但已相识了。

这自然离不开顾贞观在其中的穿针引线。

据记载，康熙二十一年至二十三年（1682～1684），纳兰多次与远在江南的顾贞观通信往来，在信中，他毫不掩饰自己对沈宛的欣赏与爱慕之情，多次于信笺上流露出："倾闻峰泖之间颇饶佳丽，吾哥能泛舟一往乎？""又闻琴川沈姓有女颇佳，亦望吾哥略为留意"。

好友相求，顾贞观自然是义不容辞，于是这红线，便为纳兰与沈宛牵得了。之后，纳兰在顾贞观的描述中，愈发了解沈宛的为人，内心更是属意于她。而沈宛也早就在遍传天下的纳兰词中，日渐了解这位贵公子的寂寥与情深。

时日俱增，纳兰与沈宛二人之间，早已埋下了惺惺相惜的种子。此番在顾贞观的引荐下，纳兰终于见到了牵挂多时的知己。

遇见沈宛的瞬间，他便心神惊动，无法安宁。相见的那一幕犹如烙印，在他脑海中无法抹去，铭刻灵魂深处。仿佛前世的情缘，今生注定要再续一般。很快，纳兰便与沈宛海誓山盟，定了海枯石烂、一生一世之约。在京城的一处安静别院里，纳兰为沈宛安排下了住处。就此，才子佳人，开始了神仙眷侣般的厮守。

这一年，纳兰刚年过三十，终于迎来了自己的春日明媚。他原本认为已经干涸无望的生命中，因为沈宛的出现，变得开始生机勃勃起来。

在京城与沈宛共度的这些短暂时光，纳兰感受到了从未有过的快乐。之前所有的伤心往事渐渐褪去了颜色，那些陈年伤情终于被纳兰锁紧于记忆的最深处。这名江南水乡的温婉女子，成了纳兰心中的依靠。

暖护樱桃蕊，寒翻蛱蝶翎。东风吹绿渐冥冥，不信一生憔悴、伴啼莺。

素影飘残月，香丝拂绮棂。百花迢递玉钗声，索向绿窗寻梦、寄余生。

——南歌子

春暖花开，樱桃花蕊初绽，和煦的春风仿佛在守护着它，而翻飞的蝴蝶犹带着寒意。东风吹着柳丝，春意渐浓，愁亦渐生，不信平生都只能在莺啼中度过。一弯残月升起，几许柳丝拂动。百花丛中不断传来玉钗声，那声声传情，恍如隔世，遁入梦中。

纳兰有感而发写下这首词伤春纪念，看似写春日妩媚的春光，其实是在借景抒情，感怀某人。

“暖护樱桃蕊，寒翻蛱蝶翎”，春暖花开，樱桃花楚楚绽放，花蕊露出，好不娇羞。翩翩飞舞的蝴蝶还有着几分寒意，慵懒地挥舞着翅膀，这看似写花，写蝶，却又更像写人，写心。

“东风吹绿渐冥冥，不信一生憔悴、伴啼莺”，这一句便是彻底表达纳兰这一刻的心神激荡，他用白描的手法使得词境若现，生动地写出春景清丽可观之处。

纳兰写到不愿意一生都在莺啼中度过。看来，他是想与人共同欣赏这大好春光，而不是要在这美好的春光中独自老去。

“素影飘残月，香丝拂绮棂”，残月枝头上，这首词极为传神地写出纳兰内心的情态，这首词词情清婉，哀苦不露，深深打动了人心。

沈宛作为这段时期纳兰词作中的女主角，站在风中，含情不语，精致的面容好像一朵带着露珠的花朵，摇曳风中。

这样的女子，任谁都会心动。纳兰是幸运的，在经历了前半生情感太多的磕磕绊绊之后，他终于拥有属于自己的一份真情实意的爱情。

“百花迢递玉钗声，索向绿窗寻梦、寄余生”，但愿余生能够得偿所愿，与心爱的人一同畅游天地，那便真的是此生无憾了。

不过就是想和心爱的人无人打扰，平平淡淡度过余生。纳兰的这番小小心愿看似微不足道，却是他毕生所求。

本以为完美的开始，也会延伸到圆满的结局，却想不到，幸福才刚刚崭露头角，分别却追随而至。

康熙决定下江南巡视，作为康熙皇帝的一等侍卫，纳兰自然要紧随前后。沈宛刚从江南而上，纳兰却又要南下江南。命运有时就是这样无常，和人们开着这样的玩笑。皇命难违，纳兰只得收拾行囊，准备远行。

沈宛自然是劝慰他，告知纳兰，自己会耐心等他回来。看到心爱女子的坚定，纳兰也是满心温暖，他许诺沈宛，等他从江南一回到京城，便要迎娶沈宛，让她做自己明媒正娶的妻子。

爱情的种子已经生根发芽，开出了娇嫩的花朵。可是他们还不知，自己的故事早已走过了幸福，就要急转直下滑落进痛苦的深渊。

这段悱恻的故事在京华上演，却并不会在这里圆满落幕。

此情只堪成追忆

江南之行，和以往的任何一次出行都大同小异，无非就是随王伴驾，视察民情，领略山水。带着对沈宛的思念，纳兰畅游江南水乡，在所爱之人的故乡前行，似乎处处都能感受到爱人的气息。

所以，这虽然是一次不情愿的旅行，但对纳兰来说，因为沈宛曾经在这里生活过，也因为纳兰虽然是北方男子，却更喜江南的秦淮听橹，西泠醉酒，所以，他心中十分畅快。

在这次行程中，纳兰还给远在京城的顾贞观去了一封长信，在信的结尾处，他无奈感言道：“夫苏轼忘归思买田于阳羡，舜钦沦放得筑室于沧浪。人各有情，不能相强，使得为清时之贺监放浪江湖；何必学汉室之东方浮沉金马乎？傥异日者，脱屣宦途，拂衣委巷，渔庄蟹舍，足我生涯。药臼茶铛，销兹岁月，皋桥作客，石屋称农。恒抱影于林泉，遂忘情于轩冕，是吾愿也。然而不敢必也。悠悠此心，惟子知之。故为子言之。”

字里行间，无不表露出对隐退生活的向往。当日，苏轼官场失意，寄情于山水之间，虽然没有了锦衣玉食，但在精神上得到了极大的丰富和满足。这样悠闲的生活是纳兰一直向往的。

更何况，官场上尔虞我诈，缺少真情，也让纳兰感到倦了，累了。他此番江南一行，心中暗下决心：回到京城后，即便是再荣华的生活，也坚决要退出官场，从此和沈宛过上“只羡鸳鸯不羡仙”的生活。

有了这样的决定，接下来几日的行程，便轻松起来。

一心想着回到京城就和沈宛远离红尘俗世的纳兰，此番更是难掩他对沈宛的思念之情。

在一个月色朦胧的夜晚，四周寂静，纳兰夜不能寐。思念如影随形，令他无从躲避。他披衣起身，伏案提笔，写下了这首词，以诉异地相思之苦。

露下庭柯蝉响歇。纱碧如烟，烟里玲珑月。并著香肩无可说，樱桃暗解丁香结。

笑卷轻衫鱼子缬。试扑流萤，惊起双栖蝶。瘦断玉腰沾粉叶，人生那不相思绝。

——蝶恋花

庭院结满露珠的树上，有蝉在鸣唱，轻纱如烟似雾，月色朦胧。你我默默地肩并着肩，心中的愁绪却暗自消解。朦胧月下，你笑着卷起衣袖，捕捉飞来飞去的萤火虫，却不经意惊起了花上双宿双栖的蝴蝶。如今想来怎不让人相思成病，日渐消瘦，伤心欲绝。

月色如此朦胧，好似轻柔的纱帐，温柔地洒落在二人身上，“纱碧如烟，烟里玲珑月”。纳兰将词境的浪漫气氛推到了最高点。在这样的浪漫气氛中，二人相对无语，不是无话可说，而是不需要说。

有的时候，只要知道彼此就在身边，能够感受到对方的体温就够了，“并著香肩无可说，樱桃暗吐丁香结”。

纳兰也是这样想的。他觉得此刻要是能与沈宛依偎在月色下，真是人生一大幸事。

这句词里有两个典故，“樱桃”并非指真的樱桃，而是比喻女子的嘴唇如樱桃般小巧红艳，此处代指恋人。在孟棨的《本事诗》：“白尚书姬人樊素善歌，妓人小蛮善舞。尝为诗曰：樱桃樊素口，杨柳小蛮腰。”还有一处“丁香结”，是用以喻指愁绪之郁结难解。即便是怀抱着恋人，心里也有难化解的愁绪。

但纳兰的表面依然是波澜不惊，上片结束后，下片便显得活泼一些，因为这是一首思念的词。“笑卷轻衫鱼子缬。试扑流萤，惊起双栖蝶”，心中所想之人衣袖飞舞，在院子中捕捉蝴蝶，这美好的景象却只能存在于记忆之中。

因为恋人走远，自己只能独自看这月夜，想当日的美好，今日更觉凄凉。

随着时日的流逝，纳兰对于沈宛的感情也在不断发生着变化。如果说最初的倾慕，是一个男子对一个女子的欣赏之情。那时至今日，纳兰已经将沈宛当作自己最亲近的人，不论身在何方，内心时时都念着她。

这厢，纳兰在如烟江南暗暗思念。那厢，沈宛在京城也饱尝相思之苦。

沈宛虽然聪慧，有着当时女子没有的才情，但她毕竟是名女子，需要爱人的疼爱与陪伴。纳兰远在千里之外，她孤身在京，身边连一个倾诉的人都没有，内心无比孤独。

难驻青皇归去驾，飘零粉白脂红。今朝不比锦香丛。画梁双燕子，应也恨匆匆。

迟日纱窗人自静，檐前铁马丁冬。无情芳草唤愁浓，闲吟佳句，怪杀雨兼风。

——临江仙

沈宛是一代才女，这首《临江仙》写出了她对纳兰情牵梦绕的感情。从词作中可以看出，沈宛此时，一心就盼望着纳兰能够早日回京和她团聚，再无其他要求了。

“执子之手，与子偕老”，这是《诗经》中对爱情最美的诠释，相爱的人无不想拉住对方的手，一辈子走到头。等到山山水水都看遍，身旁还有爱人，容颜老去，但笑容依旧。

巡视结束，纳兰终于如愿回家。从江南返回京城，第一个想见到的人，自然就是沈宛。小别多日再重逢，二人自然不愿再分开，纳兰打算将自己在江南所设想的未来蓝图付诸现实。

可是，还未等他休整过来，一场变故不得不令他的计划有所改变。

吴兆骞死了。

前文我们讲述过，吴兆骞本是顾贞观之友，他性情简傲，不拘礼法，得罪不少人，后来赴京赶考，被仇家陷害，在顺治十四年（1657）的一场科场案无辜遭累，遣戍宁古塔二十三年，饱尝艰辛。

在顾贞观的恳请下，纳兰通过父亲明珠的关系，将吴兆骞搭救出来。此后，吴兆骞便留在了明珠府上，当了纳兰弟弟揆叙的西席。可惜好景不长，获得自由的吴兆骞不过三年时间便因病辞世了。

这让纳兰十分悲痛，他暂且搁置了与沈宛的婚事，开始忙碌吴兆骞的丧事。

出于对好友的敬重，纳兰为吴兆骞的丧事花费了很多时间和精力，好不容易办完了吴兆骞的丧事，又迎来了自己的生辰。亲朋好友，官场同僚，一一来贺，纳兰虽然不喜热闹，但是这人情场面，他还是不得不撑下来。

接着又是新年，又一轮的忙碌。从纳兰下定决心和沈宛隐退，到此时，完全没有实施的机会。终于将事情处理完，纳兰当即向父亲提出迎娶沈宛的想法。

这并不是一件容易的事情。沈宛为汉女，身份卑微，纵使才华卓绝，那也只不过是一个普通女子罢了。而纳兰乃是名门望族，位高权重，家人们坚决不允许一个毫无背景、毫无家世的女人嫁进家门。

更何况，纳兰为明珠最疼爱的长子，他希望自己的儿子有一份光明的未来，明珠要选择最配得上儿子的人，眼下这个弱小的江南民女，显然不入明珠的法眼。

此番摊牌，自然是不欢而散。明珠严令禁止纳兰与沈宛来往，而纳兰则是坚决不从，一心要结为伉俪。无论威胁、咒骂、责罚，他都不肯放弃自己与沈宛来之不易的爱情。

最终，纳兰用惨烈的代价换来了父亲的点头。他终于迎娶了沈宛，但不是妻，而是妾。

因为在相府里，纳兰有一个续弦妻子官氏。而且，沈宛虽然嫁给了纳兰，但却不能入住相府。纳兰只能为她在相府之外，另安排一个别院，两个人就这样开始了小心翼翼的夫妻生活。

到底，还是在一起了。

可是，有时候，两个人在一起反倒比不在一起更痛苦。

人生若只如初见

纳兰的人生规划，并未如己所愿，他曾经在江南设想的一切，已然成为泡影。他渴望和沈宛隐退而居的愿望，最终也未能实现。因为家里妥协，同意他娶沈宛为妾；所以，纳兰也必须向家里妥协，继续在朝为官，继续奔他的好前程。而且他还不能每日都陪在沈宛身边，他下朝以后，要先回相府，向父母请安，问候妻子，处理府中杂事，等等。

这一系列的让步令纳兰身心俱疲，他每日能够陪伴在沈宛身边的时间寥寥无几。离开相府，来到沈宛那间简陋的安身之所，纳兰作为一个男人的自尊心受到了极大的伤害，他无法为自己的命运赢得改观，更无法为自己心爱的女人带来起码的稳定生活。世事的发展总是不能尽如人意。

在这充满困扰的心理折磨之下，纳兰越来越憔悴。

纳兰的重重心事被细心的沈宛都看在眼中，疼在心里。是因为自己的介入，才使得纳兰与家庭变得如此隔阂；是因为自己嫁给纳兰，为了一己的幸福，使得纳兰陷入了爱情与家庭的痛苦抉择中。

沈宛暗下决心，如果与纳兰在一起，要以纳兰每日的痛苦为代价的话，那么自己就应当放手。

就在纳兰每日在相府和沈宛所居住的别院之间奔波时，沈宛突然向他提出了一个要求：自己要回江南静养，暂时离开京城一段时间。

这个决定对纳兰来说，无疑是晴天霹雳。他和沈宛好不容易才走到一起，幸福美满的日子还未尽享，沈宛为何要突然离去呢？

其实，沈宛何尝舍得离去！可是，她看到自己心爱的丈夫日益消瘦，眉眼间的笑意越来越少，她又怎么能这么自私地留下呢？如果，非要让纳兰在她与家族之间进行抉择，那无疑是要让纳兰去死。可是，作为纳兰的妻子，她如何舍得让纳兰做这样的痛苦抉择呢？

所以，沈宛情愿牺牲自己，也要成全纳兰。她不愿纳兰与父母之间的裂痕越来越大，也不愿纳兰以哀叹度日。她情愿在幸福的回忆中痛苦地衰老，也不愿在痛苦的生活中幸福相守。

终于，沈宛离开了。就像她来到京城一样，一切都不是纳兰所能掌控。沈宛的良苦用心，纳兰谨记在心。在沈宛离开的时日中，纳兰无时无刻不在思念着她，这个带给自己无尽希望与甜蜜的女子，而今又为了自己，宁愿舍弃一切，独自离开。

对于沈宛，纳兰心中有着深深的眷恋和歉意。在沈宛离开后，纳兰一直在努力，他期待也许有朝一日，他和沈宛终能名正言顺重新在一起。

人生若只如初见，何事秋风悲画扇？等闲变却故人心，却道故人心易变。

骊山语罢清宵半，泪雨霖铃终不怨。何如薄倖锦衣郎，比翼连枝当日愿。

——木兰花令·拟古决绝词

这是一首拟古之作，纳兰借汉唐典故，以一失恋女子的口吻谴责负心的男子，词情凄婉哀怨，极尽缠绵。纳兰借女子之口，替沈宛诉出了心中的万般委屈。

其实，沈宛从未对纳兰抱怨过一词一句。但反而是她的宽宏大量，令纳兰愈发恼恨自己，无法达成对沈宛的承诺。

起句“人生若只如初见”，短短一句胜过千言万语，刹那之间，人生中那些不可言说的复杂滋味都涌上心头，让人感慨万千。开篇一句起到统领全词的作用，其余七句都是为了迎合这一句而存在。同时，这一句也代表了纳兰的梦想：人生如果总像初相识时那样甜蜜温馨，那样深情快乐，该是一件多么美好的事情。

但梦想终归是梦想。纳兰的这首词最后一语成谶，他与沈宛终究还是错过。并非是纳兰中途变心，而是他的身体每况愈下，他想前往江南，会一会沈宛，都成了痴想。

沈宛回到江南，发现自己怀孕了，这个发现令她又惊又喜，怀有了纳兰家的血脉，能否为她和纳兰的将来赢得一丝生机？就在沈宛还为自己和纳兰的未来抱有点滴幻想的时候，等到的却是顾贞观带来的纳兰病重的消息。

此时，沈宛腹中的胎儿已经成形，她每日都能感觉到自己与纳兰的骨血，在自己腹中蠕动。看到沈宛悲戚难过的神情，顾贞观也只能安慰她，纳兰静养之后，便能逐渐好转。沈宛自然也愿意相信顾贞观之言。

回到京城之后，顾贞观告诉了纳兰，有关沈宛在江南的境况。还告知他，不出几月，便要当父亲了。听到了这个喜讯，的确令纳兰的精神为之一振，他与顾贞观促膝夜谈，满心沉浸在欢喜之中。但第二日，便又病倒了。这一次的寒疾发作得凶猛至极，他闭汗七天，终究还是因病势太过沉重，治疗无效而逝。

这位相国公子，带着对朋友和爱人无限的眷恋，撒手人寰，年仅三十一岁。

这个消息传到江南，沈宛悲痛欲绝。她想过无数种与纳兰分离的方式，却唯独料不到会是这样的生离死别。

纳兰就这样离她而去，沈宛好似眼睁睁地看见那个人由远及近，渐渐地走向她，咫尺之距时，又远远地推开她，狠狠地退出了她的视野。他们心意相交，却终天各一方。这一步是看得见的缝隙，量得出的尺寸，却是永远无法接近的距离。

纳兰辞世后，沈宛坚强地活了下来，她十月怀胎，诞下了纳兰的孩子：遗腹子富尔森成了沈宛和纳兰爱情的见证。

世界上最遥远的距离，不是我们不能够相爱，而是明明彼此爱对方至深，却永远隔着一道阴阳界……